한자급수자격검정시험대비서

대한검정회

漢字
5급

- ✔ 이 한권으로 5級 합격보장 !!
- ✔ 심화학습문제 5회 수록 !!
- ✔ 실전대비문제 15회 수록!!

한출판
WWW.hanjanara.co.kr

한자급수자격검정시험대비서

대한검정회

漢字  급

| 초판 발행 | 2021년 07월 12일
| 7쇄 인쇄 | 2024년 12월 24일
| 발행인 | 한출판 편집부
| 발행처 | 한출판
| 디자인·삽화 | 윤지민
| 등   록 | 05-01-0218
| 전   화 | 02-762-4950

ISBN : 978-89-88976-66-1

전국한문실력경시예선대회를 겸한

한 자 급 수 자 격 검 정
한자 · 한문전문지도사 시험시행공고

* 공인민간자격(제2021-3호) 한자급수자격검정 : 준2급, 2급, 준1급, 1급, 사범
* 공인민간자격(제2021-2호) 아동지도사급
* 공인민간자격(제2021-1호) 지도사2급, 지도사1급, 훈장2급, 훈장1급, 훈장특급
* 등록민간자격(제2008-0255호): 한자급수자격검정 8급, 7급, 6급, 준5급, 5급, 준4급, 4급, 준3급, 3급, 대사범

(사)대한민국한자교육연구회   대한검정회 KTA 대한검정회

✱ 종목별 시행일정

시행일	자격검정 종목 및 등급			접수기간
	종 목	시행등급		
2월 넷째주 (토)	한자급수자격검정	전 15개 등급	8급~대사범	12월 넷째주 월요일~3주간
	한자 · 한문전문지도사	전 6개 등급	아동지도사~훈장특급	
5월 넷째주 (토)	한자급수자격검정	전 15개 등급	8급~대사범	3월 넷째주 월요일~3주간
	한자 · 한문전문지도사	부분 3개 등급	아동지도사~지도사1급	
8월 넷째주 (토)	한자급수자격검정	전 15개 등급	8급~대사범	6월 넷째주 월요일~3주간
	한자 · 한문전문지도사	전 6개 등급	아동지도사~훈장특급	
11월 넷째주 (토)	한자급수자격검정	전 15개 등급	8급~대사범	9월 넷째주 월요일~3주간
	한자 · 한문전문지도사	부분 3개 등급	아동지도사~지도사1급	

✱ 접 수 방 법
- 방문접수: 응시원서 1부 작성(본 회 소정양식 O.C.R카드), 칼라사진 1매(3*4cm)
- 인터넷접수: www.hanja.ne.kr
- 모바일접수: m.hanja.ne.kr (한글주소:대한검정회)
※ 단, 인터넷 및 모바일접수는 온라인 수수료 1,000원이 추가됨.

✱ 시험준비물
- 수험표, 신분증, 수정테이프, 검정색 볼펜, 실내화

✱ 합 격 기 준
- 한자급수자격검정 : 100점 만점 중 70점 이상
- 한자·한문전문지도사 : 100점 만점 중 60점 이상
* 자격증 교부방법 : 방문접수자는 접수처에서 교부, 인터넷접수자는 우체국 발송
* 환불규정 : 본회 홈페이지(www.hanja.ne.kr)접속 → 우측상단 자료실 참조
* 유의사항 : 전 종목 전체급수의 시험 입실시간은 오후 1시 40분까지입니다.
  이후에는 입실할 수 없습니다.
※ 연필이나 빨간색 펜은 절대 사용 불가, 초등학교 고사장 실내화 필수 지참

한자를 알면 세상이 보인다 !

이 책의 특징

이 책은 사단법인 대한민국한자교육연구회 · 대한검정회 한자급수자격검정시험을 준비하는 응시자를 위한 문제집이다.

1 최신 출제경향을 정밀 분석하여 실전시험에 가깝도록 문제 은행 방식으로 편성하였다.

2 각 급수별로 선정된 한자는 표제 훈음과 장·단음, 부수, 총획, 육서, 간체자 등을 수록함으로써 수험생의 자습서 역할을 할 수 있도록 하였다. 단, 5급 시험에는 장·단음, 육서, 간체자는 출제 되지 않는다.

3 해당 급수 선정 한자 쓰기본과 한자의 훈음쓰기, 훈음에 맞는 한자 쓰기, 한자어의 독음쓰기, 낱말에 맞는 한자쓰기를 실어 수험 준비생이 자습할 수 있도록 하였다.

4 반의자, 유의자, 이음동자, 반의어, 유의어, 사자성어 등을 핵심 정리하여 학습의 효과를 높이는 역할을 할 수 있도록 하였다.

5 심화학습문제 5회, 실전대비문제 15회분을 실어 출제경향을 알 수 있도록 하였다.

6 연습용 답안지를 첨부하여 실전에 대비하게 하였다.

※ 더욱 깊이 있게 공부하고 싶거나 경시대회를 준비하고자 하면 해당급수의 길잡이 『장원급제Ⅱ』를 함께 공부하시기 바랍니다.

編·輯·部

한자를 알면 세상이 보인다!

한자자격 5급 출제기준

대영역	중영역	주요내용	출제문항수		
			객관식	주관식	계
한자	한자 익히기	·한자의 훈음 알기 ·한자의 짜임을 통한 형·음·의 알기 ·훈음에 맞는 한자 알기	16		16
	한자의 활용	·한자의 다양한 훈음 알기 ·부수와 획수 적용하기 ·자전(옥편) 활용하기 ·유의자와 반의자의 한자 알기 ·한자어에 적용하기	6		6
한자어	한자어 익히기	·한자어의 독음 알기 ·한자어의 뜻 알기 ·낱말을 한자로 변환하기 ·한자어의 짜임 알기	16		16
	한자어의 활용	·문장 속의 한자어 독음 알기 ·문장 속의 낱말을 한자로 변환하기 ·반의어와 유의어 알기 ·고사성어의 속뜻 알기	10		10
	가치관 형성하기	·선인의 삶과 지혜를 이해하고 가치관 형성하기 ·전통문화를 이해하고 발전시키기	2		2
계		※1문항 2점 배점, 70점 이상 합격	50		50

등급별 선정한자 자수표

등급별	선정한자수	출제범위	응시지역	등급별	선정한자수	출제 범위
8급	30字	교육부 선정 상용한자	전국지부별 지정고사장	준2급	1,500字	교육부 선정 상용한자 및 중·고등학교 한문교과
7급	50字			2급	2,000字	
6급	70字			준1급	2,500字	본회 선정 대학 기본한자 대법원 선정 인명한자 명심보감 등.
준5급	100字			1급	3,500字	
5급	250字			사범	5,000字	
준4급	400字			대사범	5,000字	사서·고문진보·사략 등 국역전문 한자
4급	600字					
준3급	800字					
3급	1,000字					

※선정 한자수는 하위등급 한자가 포함된 것임.

五級

목차

5급 한자(250字) 표제훈음

참고 *※선정한자 표제훈음보다 자세한 것은 자전이나 교재『장원급제Ⅱ』를 참고하시오.
ː:장음, (ː):장·단음 공용한자　　　　例)❺ 5급, ⑤ 준5급을 표시함.

한자	표제훈음	장·단음	부수	총획	육서	간체자
❺歌	노래 가		欠,	14,	형성	
❺家	집 가		宀,	10,	회의	
❺各	각각 각		口,	6,	회의	
❺間	사이 간	ː	門,	12,	회의,	间
❼江	강 강	ː	水,	6,	형성	
❺強	강할 강	(ː)	弓,	12,	형성	
❺開	열 개		門,	12,	형성,	开
❺去	갈 거	ː	厶,	5,	상형	
⑤車	수레 거 수레 차		車,	7,	상형,	车
⑤巾	수건 건		巾,	3,	상형	
❻犬	개 견		犬,	4,	상형	
❺見	볼 견 뵐 현	ː	見,	7,	회의,	见

5급 한자(250字) 표제훈음

참고* ※선정한자 표제훈음보다 자세한 것은 자전이나 교재 『장원급제Ⅱ』를 참고하시오.
ː : 장음, (ː) : 장·단음 공용한자　　　　　例) ❺ 5급, ⑤ 준5급을 표시함.

한 자	표제훈음	장·단음	부수	총획	육 서	간 체 자
❺ 京	서울　경		亠,	8,	회의	
❺ 計	셀　계	ː	言,	9,	회의,	计
❺ 高	높을　고		高,	10,	상형	
⑤ 古	예　고	ː	口,	5,	회의	
❺ 功	공　공		力,	5,	형성	
❺ 空	빌　공		穴,	8,	형성	
⑤ 工	장인　공		工,	3,	상형	
❺ 共	함께　공	ː	八,	6,	회의	
❺ 科	과목　과		禾,	9,	회의	
❺ 光	빛　광		儿,	6,	회의	
❺ 教	가르칠　교	ː	攵,	11,	회·형,	教
❺ 交	사귈　교		亠,	6,	상형	

5급 한자(250字) 표제훈음

참고* ※선정한자 표제훈음보다 자세한 것은 자전이나 교재 『장원급제Ⅱ』를 참고하시오.
ː : 장음, （ː） : 장·단음 공용한자　　　　例） ❺ 5급, ⑤ 준5급을 표시함.

한자	표제훈음	장·단음	부수	총획	육서	간체자
❺ 校	학교 교	ː	木,	10,	형성	
❺ 區	나눌 구		ㄷ,	11,	회의,	区
❽ 九	아홉 구		乙,	2,	지사	
❼ 口	입 구	（ː）	口,	3,	상형	
❺ 國	나라 국		囗,	11,	회의,	国
❺ 軍	군사 군		車,	9,	회의,	军
❺ 近	가까울 근	ː	辵,	8,	형성	
❽ 金	쇠 금 성 김		金,	8,	형성	
⑤ 今	이제 금		人,	4,	회의	
❺ 急	급할 급		心,	9,	형성	
❺ 旗	기 기		方,	14,	형성	
❺ 記	기록할 기		言,	10,	형성,	记

5급 한자(250字) 표제훈음

참고 ※선정한자 표제훈음보다 자세한 것은 자전이나 교재 『장원급제Ⅱ』를 참고하시오.
: :장음, (:):장·단음 공용한자   例) ❺ 5급, ⑤ 준5급을 표시함.

한 자	표제훈음		장단음	부수	총획	육 서	간체자
❺ 氣	기운	기	:	气,	10,	형성,	气
❻ 己	몸	기		己,	3,	상형	
❽ 南	남녘	남		十,	9,	형성	
❽ 男	사내	남		田,	7,	회의	
❼ 內	안 여관(女官)	내 나	:	入,	4,	회의	
❽ 女	여자	녀		女,	3,	상형	
❼ 年	해	년		干,	6,	형성	
❺ 農	농사	농		辰,	13,	형성,	农
❺ 多	많을	다		夕,	6,	회의	
❺ 短	짧을	단	:	矢,	12,	형성	
❺ 答	대답	답		竹,	12,	형성	
❺ 當	마땅할	당		田,	13,	형성,	当

5급 한자(250字) 표제훈음

한자	표제훈음	장·단음	부수	총획	육서	간체자
❺ 對	대답할 대	ˎ	寸,	14,	회의,	对
❺ 代	대신할 대	ˎ	人,	5,	형성	
❼ 大	큰 대	(ˎ)	大,	3,	상형	
❺ 道	길 도	(ˎ)	辵,	13,	회의	
❺ 刀	칼 도		刀,	2,	상형	
❺ 讀	읽을 독 구절 두		言,	22,	형성,	读
❺ 冬	겨울 동	(ˎ)	冫,	5,	회의	
❺ 洞	고을 동 꿰뚫을 통	ˎ	水,	9,	형성	
❽ 東	동녘 동		木,	8,	회의,	东
⑤ 同	한가지 동		口,	6,	회의	
❺ 頭	머리 두		頁,	16,	형성,	头
❺ 等	무리 등	ˎ	竹,	12,	회의	

5급 한자(250字) 표제훈음

참고 * ※선정한자 표제훈음보다 자세한 것은 자전이나 교재 『장원급제Ⅱ』를 참고하시오.
: 장음, (:) : 장·단음 공용한자　　　　　　　　　例) ❺ 5급, ⑤ 준5급을 표시함.

한 자	표제훈음	장·단음	부수	총획	육서	간체자
❺ 登	오를　등		癶,	12,	회의	
❺ 樂	즐거울　락 풍류악/좋아할 요		木,	15,	상형,	乐
❺ 來	올　래	:	人,	8,	상형,	来
⑤ 力	힘　력		力,	2,	상형	
❺ 老	늙을　로	:	老,	6,	상형	
❽ 六	여섯　륙 여섯　뉴		八,	4,	지사	
❺ 里	마을　리	:	里,	7,	회의	
❺ 理	다스릴 리	:	玉,	11,	형성	
❺ 利	이로울 리	:	刀,	7,	회의	
❻ 林	수풀　림		木,	8,	회의	
⑤ 立	설　립		立,	5,	회의	
❻ 馬	말　마	:	馬,	10,	상형,	马

5급 한자(250字) 표제훈음

참고* ※선정한자 표제훈음보다 자세한 것은 자전이나 교재『장원급제Ⅱ』를 참고하시오.

ː : 장음, (ː) : 장·단음 공용한자　　　　　　　例) ❺ 5급, ⑤ 준5급을 표시함.

한 자	표제훈음		장·단음	부수	총획	육 서	간 체 자
❺ 萬	일만	만	ː	艸,	13,	상형,	万
⑤ 末	끝	말		木,	5,	지사	
❺ 每	매양	매	ː	母,	7,	형성	
❺ 面	낯	면	ː	面,	9,	상형	
❺ 命	목숨	명	ː	口,	8,	회의	
❺ 明	밝을	명		日,	8,	회의	
❻ 名	이름	명		口,	6,	회의	
❽ 母	어머니	모	ː	母,	5,	상형	
❺ 毛	털	모		毛,	4,	상형	
❽ 木	나무 모과	목 모		木,	4,	상형	
❼ 目	눈	목		目,	5,	상형	
❺ 無	없을	무		火,	12,	회의,	无

5급 한자(250字) 표제훈음

참고 * ※선정한자 표제훈음보다 자세한 것은 자전이나 교재 『장원급제Ⅱ』를 참고하시오.
: : 장음, (:) : 장·단음 공용한자　　　　　　例) ❺ 5급, ⑤ 준5급을 표시함.

한 자	표제훈음		장·단음	부수	총획	육 서	간 체 자
⑤ 文	글월	문		文,	4,	상형	
❺ 聞	들을	문	:	耳,	14,	형성,	闻
❽ 門	문	문		門,	8,	상형,	门
❺ 問	물을	문	:	口,	11,	형성,	问
❺ 物	물건	물		牛,	8,	형성	
❺ 米	쌀	미		米,	6,	상형	
❺ 民	백성	민		氏,	5,	회의	
❺ 班	나눌	반		玉,	10,	회·형	
❺ 半	절반	반	:	十,	5,	회의	
❺ 放	놓을	방	:	攴,	8,	형성	
⑤ 方	모	방		方,	4,	상형	
❻ 百	일백	백		白,	6,	형성	

5급 한자(250字) 표제훈음

참고 * ※선정한자 표제훈음보다 자세한 것은 자전이나 교재『장원급제Ⅱ』를 참고하시오.
ː : 장음, (ː) : 장·단음 공용한자　　　　　例) ❺ 5급, ⑤ 준5급을 표시함.

한자	표제훈음		장·단음	부수	총획	육서	간체자
❼白	흰	백		白,	5,	지사	
❺番	차례	번		田,	12,	상형	
❺別	다를	별		刀,	7,	회의	
❺步	걸음	보	ː	止,	7,	회의	
⑤本	근본	본		木,	5,	지사	
❺部	거느릴	부		邑,	11,	형성	
⑤不	아니 불 아니 부			一,	4,	상형	
❽父	아버지 부 남자미칭 보			父,	4,	회의	
❻夫	지아비	부		大,	4,	회의	
❽北	북녘 북 달아날 배			匕,	5,	회의	
❺分	나눌 분 푼 푼		(ː)	刀,	4,	회의	
❽四	넉	사	ː	口,	5,	지사	

5급 한자(250字) 표제훈음

참고 * ※선정한자 표제훈음보다 자세한 것은 자전이나 교재『장원급제Ⅱ』를 참고하시오.

ː : 장음, (ː) : 장·단음 공용한자

例) ❺ 5급, ⑤ 준5급을 표시함.

한 자	표제훈음		장·단음	부수	총획	육 서	간 체 자
❺ 社	모일	사		示,	8,	회의	
⑤ 士	선비	사	ː	士,	3,	상형	
❺ 事	일	사	ː	亅,	8,	회의	
❺ 死	죽을	사	ː	歹,	6,	회의	
❼ 山	메(뫼)	산		山,	3,	상형	
❽ 三	석	삼		一,	3,	지사	
❼ 上	위	상	ː	一,	3,	지사	
❺ 色	빛	색		色,	6,	회의	
❻ 生	날	생		生,	5,	상형	
❺ 書	글	서		曰,	10,	형성,	书
❽ 西	서녘	서		襾,	6,	상형	
❻ 石	돌	석		石,	5,	상형	

5급 한자(250字) 표제훈음

참고 ※선정한자 표제훈음보다 자세한 것은 자전이나 교재『장원급제Ⅱ』를 참고하시오.
ː:장음, (ː):장·단음 공용한자　　　　例) ❺ 5급, ⑤ 준5급을 표시함.

한 자	표제훈음		장·단음	부수	총획	육 서	간 체 자
⑤ 夕	저녁	석		夕,	3,	지사	
❻ 先	먼저	선		儿,	6,	회의	
❺ 線	줄	선		糸,	15,	형성,	线
❻ 姓	성씨	성	ː	女,	8,	회·형	
❺ 性	성품	성	ː	心,	8,	형·회	
❺ 成	이룰	성		戈,	7,	형성	
⑤ 世	세상	세	ː	一,	5,	지사	
❺ 所	바	소	ː	戶,	8,	형성	
❼ 小	작을	소	ː	小,	3,	회·지	
⑤ 少	적을	소	ː	小,	4,	형성	
❺ 首	머리	수		首,	9,	상형	
❽ 水	물	수		水,	4,	상형	

5급 한자(250字) 표제훈음

참고 * ※선정한자 표제훈음보다 자세한 것은 자전이나 교재『장원급제Ⅱ』를 참고하시오.
: : 장음, (:) : 장·단음 공용한자　　　　　　　例) ❺ 5급, ⑤ 준5급을 표시함.

한 자	표제훈음	장·단음	부수	총획	육 서	간체자
❼ 手	손　　수	(:)	手,	4,	상형	
❺ 詩	글　　시		言,	13,	형성,	诗
❺ 時	때　　시		日,	10,	형성,	时
❺ 示	보일　시	:	示,	5,	지사	
❺ 市	저자　시	:	巾,	5,	회·형	
⑤ 食	먹을　식 밥　　사		食,	9,	회의	
❺ 植	심을　식		木,	12,	형성,	植
❺ 神	귀신　신		示,	10,	형성	
❺ 身	몸　　신		身,	7,	상형	
❺ 信	믿을　신	:	人,	9,	회의	
❺ 新	새로울 신		斤,	13,	회·형	
❺ 室	집　　실		宀,	9,	회·형	

5급 한자(250字) 표제훈음

참고 * ※선정한자 표제훈음보다 자세한 것은 자전이나 교재 『장원급제Ⅱ』를 참고하시오.
: : 장음, (:) : 장·단음 공용한자　　　例) ❺ 5급, ⑤ 준5급을 표시함.

한 자	표제훈음	장·단음	부수	총획	육 서	간 체 자
❻ 心	마음　심		心,	4,	상형	
❽ 十	열　　십 열　　시		十,	2,	지사	
❺ 安	편안할 안		宀,	6,	회의	
⑤ 央	가운데 앙		大,	5,	회의	
❺ 夜	밤　　야	:	夕,	8,	형성	
❺ 弱	약할　약		弓,	10,	회의	
❻ 羊	양　　양		羊,	6,	상형	
❺ 語	말씀　어	:	言,	14,	형성,	语
❻ 魚	물고기 어		魚,	11,	상형,	鱼
❺ 言	말씀　언		言,	7,	회의	
❺ 永	길　　영	:	水,	5,	상형	
❺ 英	꽃부리 영		艸,	9,	형성	

5급 한자(250字) 표제훈음

참고 * ※선정한자 표제훈음보다 자세한 것은 자전이나 교재 『장원급제Ⅱ』를 참고하시오.
  ˙ : 장음, (˙) : 장·단음 공용한자   例) ⑤ 5급, ⑤ 준5급을 표시함.

한 자	표제훈음	장·단음	부수	총획	육 서	간 체 자
⑤ 午	낮 오	˙	十,	4,	상형	
⑧ 五	다섯 오	˙	二,	4,	지사	
⑥ 玉	구슬 옥		玉,	5,	상형	
⑤ 王	임금 왕		玉,	4,	지사	
⑦ 外	바깥 외	˙	夕,	5,	회의	
⑤ 用	쓸 용	˙	用,	5,	회의	
⑤ 友	벗 우	˙	又,	4,	회의	
⑥ 牛	소 우		牛,	4,	상형	
⑦ 右	오른 우	˙	口,	5,	회의	
⑤ 遠	멀 원	˙	辶,	14,	형성,	远
⑤ 原	언덕,근본 원		厂,	10,	회의	
⑤ 元	으뜸 원		儿,	4,	회의	

5급 한자(250字) 표제훈음

참고 * ※선정한자 표제훈음보다 자세한 것은 자전이나 교재 『장원급제Ⅱ』를 참고하시오.
: : 장음, (:) : 장·단음 공용한자
例) ❺ 5급, ⑤ 준5급을 표시함.

한 자	표제훈음		장·단음	부수	총획	육 서	간 체 자
❽ 月	달	월		月,	4,	상형	
⑤ 位	자리	위		人,	7,	회의	
❺ 有	있을	유	:	月,	6,	회·형	
❺ 肉	고기	육		肉,	6,	상형	
❺ 育	기를	육		肉,	8,	회형	
❺ 銀	은	은		金,	14,	형성,	银
❺ 音	소리	음		音,	9,	지사	
❺ 邑	고을	읍		邑,	7,	회의	
❺ 意	뜻	의	:	心,	13,	회의	
⑤ 衣	옷	의		衣,	6,	상형	
❻ 耳	귀	이	:	耳,	6,	상형	
❽ 二	두	이	:	二,	2,	지사	

5급 한자(250字) 표제훈음

참고 * ※선정한자 표제훈음보다 자세한 것은 자전이나 교재 『장원급제Ⅱ』를 참고하시오.
: : 장음, (:) : 장 · 단음 공용한자   例) ⑤ 5급, ⑤ 준5급을 표시함.

한자	표제훈음	장·단음	부수	총획	육서	간체자
⑧ 人	사람 인		人,	2,	상형	
⑧ 日	날 일		日,	4,	상형	
⑧ 一	한 일		一,	1,	지사	
⑦ 入	들 입		入,	2,	상형	
⑤ 字	글자 자		子,	6,	회·형	
⑤ 自	스스로 자		自,	6,	상형	
⑧ 子	아들 자		子,	3,	상형	
⑤ 作	지을 작		人,	7,	형성	
⑤ 長	긴 장	:	長,	8,	상형,	长
⑤ 場	마당 장 도량 량		土,	12,	형성,	场
⑤ 才	재주 재		手,	3	지사	
⑤ 田	밭 전		田,	5,	상형	

5급 한자(250字) 표제훈음

참고 * ※선정한자 표제훈음보다 자세한 것은 자전이나 교재『장원급제Ⅱ』를 참고하시오.
: : 장음, (:) : 장·단음 공용한자　　　　　　例) ❺ 5급, ⑤ 준5급을 표시함.

한자	표제훈음		장단음	부수	총획	육서	간체자
❺ 電	번개	전	:	雨,	13,	형성,	电
❺ 前	앞	전		刀,	9,	형성	
❺ 全	온전할	전		入,	6,	회의	
⑤ 正	바를	정	(:)	止,	5,	회의	
⑧ 弟	아우	제	:	弓,	7,	회의	
❺ 朝	아침	조		月,	12,	형성	
❺ 祖	할아비	조		示,	10,	형성	
❼ 足	발	족		足,	7,	상형	
❼ 左	왼	좌	:	工,	5,	회의	
❺ 晝	낮	주		日,	11,	회의,	昼
❺ 住	살	주	:	人,	7,	형성	
⑤ 主	주인	주		玉,	5,	상형	

5급 한자(250字) 표제훈음

참고 * ※선정한자 표제훈음보다 자세한 것은 자전이나 교재『장원급제Ⅱ』를 참고하시오.
ː:장음, (ː):장·단음 공용한자　　　例) ❺ 5급, ⑤ 준5급을 표시함.

한 자	표제훈음	장단음	부수	총획	육 서	간체자
❺ 竹	대 죽		竹,	6,	상형	
❼ 中	가운데 중		ㅣ,	4,	지사	
❺ 重	무거울 중	ː	里,	9,	형성	
❻ 地	땅 지		土,	6,	형성	
❺ 直	곧을 직		目,	8,	회의,	直
❻ 川	내 천		巛,	3,	상형	
❻ 千	일천 천		十,	3,	지사	
❻ 天	하늘 천		大,	4,	회의	
❼ 青	푸를 청		靑,	8,	형성,	青
❺ 草	풀 초		艸,	10,	형성	
⑤ 寸	마디 촌	ː	寸,	3,	지사	
❺ 村	마을 촌	ː	木,	7,	형성	

5급 한자(250字) 표제훈음

참고 *

※선정한자 표제훈음보다 자세한 것은 자전이나 교재 『장원급제Ⅱ』를 참고하시오.

ː : 장음, (ː) : 장·단음 공용한자

例) ❺ 5급, ⑤ 준5급을 표시함.

한 자	표제훈음	장·단음	부수	총획	육 서	간 체 자
❺ 秋	가을 추		禾,	9,	형성	
❺ 春	봄 춘		日,	9,	회의	
❼ 出	날 출		凵,	5,	회의	
❺ 親	친할 친		見,	16,	형성,	亲
❽ 七	일곱 칠		一,	2,	지사	
❺ 太	클 태		大,	4,	지사	
❽ 土	흙 토		土,	3,	상형	
❺ 通	통할 통		辶,	11,	형성	
❽ 八	여덟 팔 여덟 파		八,	2,	지사	
❺ 貝	조개 패	ː	貝,	7,	상형,	贝
❺ 便	편할 편 똥오줌 변	(ː)	人,	9,	회의	
❺ 平	평평할 평		干,	5,	회의	

5급 한자(250字) 표제훈음

참고 ※선정한자 표제훈음보다 자세한 것은 자전이나 교재 『장원급제Ⅱ』를 참고하시오.

: : 장음, (:) : 장·단음 공용한자　　　　　例) ⑤ 5급, ⑤ 준5급을 표시함.

한 자	표제훈음		장·단음	부수	총획	육 서	간체자
❼ 下	아래	하	:	一,	3,	지사	
❺ 夏	여름	하	:	夂,	10,	회의	
❺ 學	배울	학		子,	16,	회·형,	学
❺ 韓	나라이름	한	(:)	韋,	17,	형성,	韩
❺ 漢	한수	한	:	水,	14,	형성,	汉
❺ 合	합할 합	합할 합		口,	6,	회의	
❺ 海	바다	해	:	水,	10,	형성	
❺ 行	다닐 항렬	행 항	(:)	行,	6,	상형	
⑤ 向	향할	향	:	口,	6,	상형	
❺ 血	피	혈		血,	6,	지사	
❽ 兄	맏	형		儿,	5,	회의	
❺ 形	모양	형		彡,	7,	형성	

5급 한자(250字) 표제훈음

※선정한자 표제훈음보다 자세한 것은 자전이나 교재『장원급제Ⅱ』를 참고하시오.
ː : 장음, (ː) : 장·단음 공용한자　　　例) ❺ 5급, ⑤ 준5급을 표시함.

한 자	표제훈음	장단음	부수	총획	육 서	간 체 자
❺ 花	꽃　화		艸,	8,	형성	
❺ 話	말씀　화	(ː)	言,	13,	형성,	话
❽ 火	불　화	(ː)	火,	4,	상형	
❺ 和	화할,화목할 화		口,	8,	형성	
❺ 活	살　활		水,	9,	형성	
❺ 黃	누를　황		黃,	12,	형성,	黄
❺ 會	모일　회	ː	曰,	13,	회의,	会
❺ 孝	효도　효	ː	子,	7,	회의	
❺ 後	뒤　후	ː	彳,	9,	회의	
⑤ 休	쉴　휴		人,	6,	회의	

▶ 다음은 5급에 추가된 신출한자 150字입니다. 다음 한자를 정자로 쓰고 아래 한자어의 독음(讀音)을 쓰시오.

歌	歌	歌						

노래 가   欠, 14획   歌手(   ), 詩歌(   )

家	家	家						

집 가   宀, 10획   家長(   ), 國家(   )

各	各	各						

각각 각   口, 6획   各別(   ), 各自(   )

間	間	間						

사이 간   門, 12획   時間(   ), 空間(   )

强	强	强						

강할 강   弓, 12획   强弱(   ), 强直(   )

[☞ 글씨는 뒷표지 안쪽 기본 점획표를 익혀 정자로 바르게 씁시다.]   ※획수는 총 획수를 나타냄

5급 신출한자(150자) 쓰기본

漢字를 알면 世上이 보인다!!

▶ 다음은 5급에 추가된 신출한자 150字입니다. 다음 한자를 정자로 쓰고 아래 한자어의 독음(讀音)을 쓰시오.

開	開	開						

열 개 　門, 12획 ┆ 開通(　　　　), 開花(　　　　)

去	去	去						

갈 거 　厶, 5획 ┆ 去年(　　　　), 去來(　　　　)

見	見	見						

볼 견 　見, 7획 ┆ 意見(　　　　), 見聞(　　　　)

京	京	京						

서울 경 　亠, 8획 ┆ 上京(　　　　), 東京(　　　　)

計	計	計						

셀 계 　言, 9획 ┆ 時計(　　　　), 合計(　　　　)

[☞ 글씨는 뒷표지 안쪽 기본 점획표를 익혀 정자로 바르게 씁시다.]　　　　　　　　　　※획수는 총 획수를 나타냄

▶ 다음은 5급에 추가된 신출한자 150字입니다. 다음 한자를 정자로 쓰고 아래 한자어의 독음(讀音)을 쓰시오.

高	高	高					

높을 고　高, 10획 ┊ 高見(　　　　　), 高空(　　　　　　　　)

功	功	功					

공 공　力, 5획 ┊ 成功(　　　　　), 有功(　　　　　　　　)

空	空	空					

빌 공　穴, 8획 ┊ 空氣(　　　　　), 空白(　　　　　　　　)

共	共	共					

함께 공　八, 6획 ┊ 共同(　　　　　), 共用(　　　　　　　　)

科	科	科					

과목 과　禾, 9획 ┊ 科目(　　　　　), 科學(　　　　　　　　)

[☞ 글씨는 뒷표지 안쪽 기본 점획표를 익혀 정자로 바르게 씁시다.]　　　　　※획수는 총 획수를 나타냄

5급 신출한자(150자) 쓰기본

漢字를 알면 世上이 보인다!!

▶ 다음은 5급에 추가된 신출한자 150字입니다. 다음 한자를 정자로 쓰고 아래 한자어의 독음(讀音)을 쓰시오.

光	光	光							

빛 광   儿, 6획   光線(   ), 光明(   )

敎	敎	敎							

가르칠 교   攵, 11획   敎育(   ), 敎本(   )

交	交	交							

사귈 교   亠, 6획   交通(   ), 交代(   )

校	校	校							

학교 교   木, 10획   學校(   ), 登校(   )

區	區	區							

나눌 구   匸, 11획   區別(   ), 區分(   )

[☞ 글씨는 뒷표지 안쪽 기본 점획표를 익혀 정자로 바르게 씁시다.]

※획수는 총 획수를 나타냄

5급 신출한자(150자) 쓰기본

漢字를 알면 世上이 보인다!!

▶ 다음은 5급에 추가된 신출한자 150字입니다. 다음 한자를 정자로 쓰고 아래 한자어의 독음(讀音)을 쓰시오.

國	國	國						

나라 국   口, 11획   國旗(   ), 國語(   )

軍	軍	軍						

군사 군   車, 9획   海軍(   ), 軍旗(   )

近	近	近						

가까울근   辵, 8획   遠近(   ),親近(   )

急	急	急						

급할 급   心, 9획   急性(   ), 時急(   )

旗	旗	旗						

기 기   方, 14획   旗手(   ),白旗(   )

[☞ 글씨는 뒷표지 안쪽 기본 점획표를 익혀 정자로 바르게 씁시다.]   ※획수는 총 획수를 나타냄

5급 신출한자(150자) 쓰기본

漢字를 알면 世上이 보인다!!

▶ 다음은 5급에 추가된 신출한자 150字입니다. 다음 한자를 정자로 쓰고 아래 한자어의 독음(讀音)을 쓰시오.

記	記	記						

기록할 기   言, 10획 ┊ 記事(   ), 日記(   )

氣	氣	氣						

기운 기   气, 10획 ┊ 氣分(   ), 生氣(   )

農	農	農						

농사 농   辰, 13획 ┊ 農村(   ), 農民(   )

多	多	多						

많을 다   夕, 6획 ┊ 多讀(   ), 多少(   )

短	短	短						

짧을 단   矢, 12획 ┊ 短命(   ), 短信(   )

[☞ 글씨는 뒷표지 안쪽 기본 점획표를 익혀 정자로 바르게 씁시다.]　　　　　　※획수는 총 획수를 나타냄

5급 신출한자(150자) 쓰기본

漢字를 알면 世上이 보인다!!

▶ 다음은 5급에 추가된 신출한자 150字입니다. 다음 한자를 정자로 쓰고 아래 한자어의 독음(讀音)을 쓰시오.

答	答	答						

대답 답　竹, 12획　對答(　　　), 問答(　　　)

當	當	當						

마땅할당　田, 13획　當番(　　　), 當面(　　　)

對	對	對						

대답할대　寸, 14획　對等(　　　), 對話(　　　)

代	代	代						

대신할대　人, 5획　代理(　　　), 代金(　　　)

道	道	道						

길 도　辶, 13획　孝道(　　　), 道理(　　　)

[☞ 글씨는 뒷표지 안쪽 기본 점획표를 익혀 정자로 바르게 씁시다.]　　※획수는 총 획수를 나타냄

5급 신출한자(150자) 쓰기본

漢字를 알면 世上이 보인다!!

▶ 다음은 5급에 추가된 신출한자 150字입니다. 다음 한자를 정자로 쓰고 아래 한자어의 독음(讀音)을 쓰시오.

刀	刀	刀						

칼 도　刀, 2획　短刀(　　　), 竹刀(　　　)

讀	讀	讀						

읽을 독　言, 22획　讀書(　　　), 代讀(　　　)

冬	冬	冬						

겨울 동　冫, 5획　立冬(　　　), 春夏秋冬(　　　)

洞	洞	洞						

고을 동　水, 9획　洞口(　　　), 洞長(　　　)

頭	頭	頭						

머리 두　頁, 16획　書頭(　　　), 先頭(　　　)

[☞ 글씨는 뒷표지 안쪽 기본 점획표를 익혀 정자로 바르게 씁시다.]　　※획수는 총 획수를 나타냄

▶ 다음은 5급에 추가된 신출한자 150字입니다. 다음 한자를 정자로 쓰고 아래 한자어의 독음(讀音)을 쓰시오.

等	等	等						

무리 등　竹, 12획　同等(　　　　　), 平等(　　　　　　)

登	登	登						

오를 등　癶, 12획　登記(　　　　　), 登場(　　　　　　)

樂	樂	樂						

즐거울락　木, 15획　和樂(　　　　　), 行樂(　　　　　　)

來	來	來						

올 래　人, 8획　來年(　　　　　), 來日(　　　　　　)

老	老	老						

늙을 로　老, 6획　老後(　　　　　), 年老(　　　　　　)

[☞ 글씨는 뒷표지 안쪽 기본 점획표를 익혀 정자로 바르게 씁시다.]　　　※획수는 총 획수를 나타냄

▶ 다음은 5급에 추가된 신출한자 150字입니다. 다음 한자를 정자로 쓰고 아래 한자어의 독음(讀音)을 쓰시오.

里	里	里						

마을 리　里, 7획　洞里(　　　　　　),里長(　　　　　　)

理	理	理						

다스릴 리　玉, 11획　心理(　　　　　　), 原理(　　　　　)

利	利	利						

이로울 리　刀, 7획　便利(　　　　　),高金利(　　　　　　)

萬	萬	萬						

일만 만　艸, 13획　萬物(　　　　　),萬方(　　　　　)

每	每	每						

매양 매　母, 7획　每日(　　　　　), 每事(　　　　　)

[☞ 글씨는 뒷표지 안쪽 기본 점획표를 익혀 정자로 바르게 씁시다.]　　　　　　※획수는 총 획수를 나타냄

▶ 다음은 5급에 추가된 신출한자 150字입니다. 다음 한자를 정자로 쓰고 아래 한자어의 독음(讀音)을 쓰시오.

面	面	面					

낯 면　面, 9획　面會(　　　　　), 方面(　　　　　)

命	命	命					

목숨 명　口, 8획　天命(　　　　　), 生命(　　　　　)

明	明	明					

밝을 명　日, 8획　明示(　　　　　), 分明(　　　　　)

毛	毛	毛					

털 모　毛, 4획　羊毛(　　　　　), 不毛地(　　　　　)

無	無	無					

없을 무　火, 12획　有無(　　　　　), 無形(　　　　　)

[☞ 글씨는 뒷표지 안쪽 기본 점획표를 익혀 정자로 바르게 씁시다.]

※획수는 총 획수를 나타냄

▶ 다음은 5급에 추가된 신출한자 150字입니다. 다음 한자를 정자로 쓰고 아래 한자어의 독음(讀音)을 쓰시오.

聞	聞	聞					

들을 문　耳, 14획 ┊ 新聞(　　　　　), 所聞(　　　　　)

問	問	問					

물을 문　口, 11획 ┊ 問安(　　　　　), 學問(　　　　　)

物	物	物					

물건 물　牛, 8획 ┊ 植物(　　　　　), 名物(　　　　　)

米	米	米					

쌀 미　米, 6획 ┊ 白米(　　　　　), 米作(　　　　　)

民	民	民					

백성 민　氏, 5획 ┊ 住民(　　　　　), 民心(　　　　　)

[☞ 글씨는 뒷표지 안쪽 기본 점획표를 익혀 정자로 바르게 씁시다.]　　　　　※획수는 총 획수를 나타냄

5급 신출한자(150자) 쓰기본

HAN

漢字를 알면 世上이 보인다 !!

▶ 다음은 5급에 추가된 신출한자 150字입니다. 다음 한자를 정자로 쓰고 아래 한자어의 독음(讀音)을 쓰시오.

班	班	班					

나눌 반　　玉, 10획　　班長(　　　　　　　), 首班(　　　　　　　　　)

半	半	半					

절반 반　　十, 5획　　半步(　　　　　　　),太半(　　　　　　　　)

放	放	放					

놓을 방　　攵, 8획　　開放(　　　　　　　), 放心(　　　　　　　　)

番	番	番					

차례 번　　田, 12획　　當番(　　　　　　），每番(　　　　　　　　)

別	別	別					

다를 별　　刀, 7획　　區別(　　　　　　　),別名(　　　　　　　)

[☞ 글씨는 뒷표지 안쪽 기본 점획표를 익혀 정자로 바르게 씁시다.]　　　　　　　　※획수는 총 획수를 나타냄

▶ 다음은 5급에 추가된 신출한자 150字입니다. 다음 한자를 정자로 쓰고 아래 한자어의 독음(讀音)을 쓰시오.

步	步	步						

걸음 보　止, 7획　步道(　　　　　),步行(　　　　　)

部	部	部						

거느릴부　邑, 11획　部門(　　　　　),部長(　　　　　)

分	分	分						

나눌 분　刀, 4획　分別(　　　　　),區分(　　　　　)

社	社	社						

모일 사　示, 8획　社會(　　　　　),社長(　　　　　)

事	事	事						

일 사　亅, 8획　家事(　　　　　),每事(　　　　　)

[☞ 글씨는 뒷표지 안쪽 기본 점획표를 익혀 정자로 바르게 씁시다.]　　　　　※획수는 총 획수를 나타냄

▶ 다음은 5급에 추가된 신출한자 150字입니다. 다음 한자를 정자로 쓰고 아래 한자어의 독음(讀音)을 쓰시오.

死	死	死						

죽을 사　歹, 6획　死活(　　　　　），生死(　　　　　)

色	色	色						

빛 색　色, 6획　音色(　　　　　），和色(　　　　　)

書	書	書						

글 서　日, 10획　書面(　　　　　），書信(　　　　　)

線	線	線						

줄 선　糸, 15획　電線(　　　　　），直線(　　　　　)

性	性	性						

성품 성　心, 8획　性別(　　　　　），理性(　　　　　)

[☞ 글씨는 뒷표지 안쪽 기본 점획표를 익혀 정자로 바르게 씁시다.]　　　　※획수는 총 획수를 나타냄

▶ 다음은 5급에 추가된 신출한자 150字입니다. 다음 한자를 정자로 쓰고 아래 한자어의 독음(讀音)을 쓰시오.

| 成 | 成 | 成 | | | | | | |

이룰 성　戈, 7획 | 成立(　　　　　), 育成(　　　　　　)

| 所 | 所 | 所 | | | | | | |

바 소　戶, 8획 | 所有(　　　　　), 所重(　　　　)

| 首 | 首 | 首 | | | | | | |

머리 수　首, 9획 | 元首(　　　　　), 部首(　　　　)

| 詩 | 詩 | 詩 | | | | | | |

글 시　言, 13획 | 漢詩(　　　　　), 詩語(　　　　　)

| 時 | 時 | 時 | | | | | | |

때 시　日, 10획 | 時代(　　　　　), 同時(　　　　　)

[☞ 글씨는 뒷표지 안쪽 기본 점획표를 익혀 정자로 바르게 씁시다.]　　　　　　※획수는 총 획수를 나타냄

5급 신출한자(150자) 쓰기본

漢字를 알면 世上이 보인다!!

▶ 다음은 5급에 추가된 신출한자 150字입니다. 다음 한자를 정자로 쓰고 아래 한자어의 독음(讀音)을 쓰시오.

示	示	示						

보일 시　示, 5획　明示(　　　　　), 敎示(　　　　　)

市	市	市						

저자 시　巾, 5획　市場(　　　　　),市內(　　　　　)

植	植	植						

심을 식　木,12획　植木(　　　　　), 植民地(　　　　　)

神	神	神						

귀신 신　示,10획　神話(　　　　　), 神明(　　　　　)

身	身	身						

몸 신　身, 7획　心身(　　　　　),自身(　　　　　)

[☞ 글씨는 뒷표지 안쪽 기본 점획표를 익혀 정자로 바르게 씁시다.]　　　　　※획수는 총 획수를 나타냄

5급 신출한자(150자) 쓰기본

漢字를 알면 世上이 보인다!!

▶ 다음은 5급에 추가된 신출한자 150字입니다. 다음 한자를 정자로 쓰고 아래 한자어의 독음(讀音)을 쓰시오.

信	信	信						

믿을 신　人, 9획　信用(　　　　　), 交信(　　　　　)

新	新	新						

새로울신　斤, 13획　新年(　　　　　), 新春(　　　　　)

室	室	室						

집 실　宀, 9획　室內(　　　　　), 別室(　　　　　)

安	安	安						

편안할안　宀, 6획　安全(　　　　　), 問安(　　　　　)

夜	夜	夜						

밤 야　夕, 8획　晝夜(　　　　　), 夜食(　　　　　)

[☞ 글씨는 뒷표지 안쪽 기본 점획표를 익혀 정자로 바르게 씁시다.]　　　　　※획수는 총 획수를 나타냄

▶ 다음은 5급에 추가된 신출한자 150字입니다. 다음 한자를 정자로 쓰고 아래 한자어의 독음(讀音)을 쓰시오.

弱	弱	弱						

약할 약　弓, 10획　心弱(　　　　　), 弱小國(　　　　　　　)

語	語	語						

말씀 어　言, 14획　言語(　　　　　), 英語(　　　　　　　)

言	言	言						

말씀 언　言, 7획　名言(　　　　　),方言(　　　　　　　)

永	永	永						

길 영　水, 5획　永遠(　　　　　), 永世(　　　　　)

英	英	英						

꽃부리영　艸, 9획　英才(　　　　　), 英語(　　　　　)

[☞ 글씨는 뒷표지 안쪽 기본 점획표를 익혀 정자로 바르게 씁시다.]　　　　　　※획수는 총 획수를 나타냄

▶ 다음은 5급에 추가된 신출한자 150字입니다. 다음 한자를 정자로 쓰고 아래 한자어의 독음(讀音)을 쓰시오.

午	午	午						

낮 오 十, 4획 午前(   ), 正午(   )

用	用	用						

쓸 용 用, 5획 登用(   ), 利用(   )

友	友	友						

벗 우 又, 4획 親友(   ), 友人(   )

遠	遠	遠						

멀 원 辶, 14획 遠大(   ), 遠心力(   )

原	原	原						

언덕 원 厂, 10획 高原(   ), 草原(   )

[☞ 글씨는 뒷표지 안쪽 기본 점획표를 익혀 정자로 바르게 씁시다.]   ※획수는 총 획수를 나타냄

5급 신출한자(150자) 쓰기본

漢字를 알면 世上이 보인다!!

▶ 다음은 5급에 추가된 신출한자 150字입니다. 다음 한자를 정자로 쓰고 아래 한자어의 독음(讀音)을 쓰시오.

| 元 | 元 | 元 | | | | | | |

으뜸 원　儿, 4획　元金(　　　　), 元祖(　　　　　　　)

| 有 | 有 | 有 | | | | | | |

있을 유　月, 6획　有別(　　　　), 有意(　　　　　　)

| 肉 | 肉 | 肉 | | | | | | |

고기 육　肉, 6획　血肉(　　　　), 肉親(　　　　　)

| 育 | 育 | 育 | | | | | | |

기를 육　肉, 8획　教育(　　　　), 生育(　　　　)

| 銀 | 銀 | 銀 | | | | | | |

은 은　金, 14획　金銀(　　　　), 水銀(　　　　)

[☞ 글씨는 뒷표지 안쪽 기본 점획표를 익혀 정자로 바르게 씁시다.]　　※획수는 총 획수를 나타냄

▶ 다음은 5급에 추가된 신출한자 150字입니다. 다음 한자를 정자로 쓰고 아래 한자어의 독음(讀音)을 쓰시오.

音	音	音						

소리 음   音, 9획   音樂(   ), 和音(   )

邑	邑	邑						

고을 읍   邑, 7획   邑面(   ), 邑内(   )

意	意	意						

뜻 의   心, 13획   意見(   ), 意向(   )

作	作	作						

지을 작   人, 7획   作家(   ), 力作(   )

長	長	長						

긴 장   長, 8획   長成(   ), 部長(   )

[☞ 글씨는 뒷표지 안쪽 기본 점획표를 익혀 정자로 바르게 씁시다.]   ※획수는 총 획수를 나타냄

▶ 다음은 5급에 추가된 신출한자 150字입니다. 다음 한자를 정자로 쓰고 아래 한자어의 독음(讀音)을 쓰시오.

場	場	場						

마당 장   土, 12획   開場(   ), 立場(   )

才	才	才						

재주 재   手, 3획   才色(   ), 天才(   )

田	田	田						

밭 전   田, 5획   竹田(   ), 火田(   )

電	電	電						

번개 전   雨, 13획   電氣(   ), 無電(   )

前	前	前						

앞 전   刀, 9획   前後(   ), 直前(   )

[☞ 글씨는 뒷표지 안쪽 기본 점획표를 익혀 정자로 바르게 씁시다.]   ※획수는 총 획수를 나타냄

▶ 다음은 5급에 추가된 신출한자 150字입니다. 다음 한자를 정자로 쓰고 아래 한자어의 독음(讀音)을 쓰시오.

全	全	全						

온전할 전 　入, 6획　全國(　　　　　), 全力(　　　　　)

朝	朝	朝						

아침 조 　月, 12획　朝夕(　　　　　), 朝會(　　　　　)

祖	祖	祖						

할아비조 　示, 10획　太祖(　　　　　), 祖上(　　　　　)

晝	晝	晝						

낮 주 　日, 11획　晝間(　　　　　), 白晝(　　　　　)

住	住	住						

살 주 　人, 7획　住民(　　　　　), 永住(　　　　　)

[☞ 글씨는 뒷표지 안쪽 기본 점획표를 익혀 정자로 바르게 씁시다.]　　　　　　　　　　※획수는 총 획수를 나타냄

▶ 다음은 5급에 추가된 신출한자 150字입니다. 다음 한자를 정자로 쓰고 아래 한자어의 독음(讀音)을 쓰시오.

竹	竹	竹						

대 죽 竹, 6획 竹刀(   ), 竹林(   )

重	重	重						

무거울 중 里, 9획 重大(   ), 所重(   )

直	直	直						

곧을 직 目, 8획 直線(   ), 直通(   )

草	草	草						

풀 초 艸, 10획 花草,(   )草木(   )

村	村	村						

마을 촌 木, 7획 村老(   ), 江村(   )

[☞ 글씨는 뒷표지 안쪽 기본 점획표를 익혀 정자로 바르게 씁시다.]   ※획수는 총 획수를 나타냄

5급 신출한자(150자) 쓰기본

漢字를 알면 世上이 보인다!!

▶ 다음은 5급에 추가된 신출한자 150字입니다. 다음 한자를 정자로 쓰고 아래 한자어의 독음(讀音)을 쓰시오.

秋	秋	秋						

가을 추	禾, 9획	秋夕( ), 立秋( )

春	春	春						

봄 춘	日, 9획	春分( ), 新春( )

親	親	親						

친할 친	見, 16획	親家( ), 先親( )

太	太	太						

클 태	大, 4획	太古( ), 明太( )

通	通	通						

통할 통	辵, 11획	通用( ), 通話( )

[☞ 글씨는 뒷표지 안쪽 기본 점획표를 익혀 정자로 바르게 씁시다.]

※획수는 총 획수를 나타냄

▶ 다음은 5급에 추가된 신출한자 150字입니다. 다음 한자를 정자로 쓰고 아래 한자어의 독음(讀音)을 쓰시오.

| 貝 | 貝 | 貝 | | | | | |

조개 패   貝, 7획   貝物(   )

| 便 | 便 | 便 | | | | | |

편할 편   人, 9획   不便(   ), 便所(   )

| 平 | 平 | 平 | | | | | |

평평할 평   干, 5획   平和(   ), 平安(   )

| 夏 | 夏 | 夏 | | | | | |

여름 하   夊, 10획   立夏(   ), 春夏秋冬(   )

| 學 | 學 | 學 | | | | | |

배울 학   子, 16획   開學(   ), 文學(   )

[☞ 글씨는 뒷표지 안쪽 기본 점획표를 익혀 정자로 바르게 씁시다.]   ※획수는 총 획수를 나타냄

5급 신출한자(150자) 쓰기본

HAN [tia]

漢字를 알면 世上이 보인다 !!

▶ 다음은 5급에 추가된 신출한자 150字입니다. 다음 한자를 정자로 쓰고 아래 한자어의 독음(讀音)을 쓰시오.

韓	韓	韓						

나라이름한 韋, 17획 ┊ 韓國( ), 來韓( )

漢	漢	漢						

한수 한 水, 14획 ┊ 漢文( ), 漢字( )

合	合	合						

합할 합 口, 6획 ┊ 分合( ), 合計( )

海	海	海						

바다 해 水, 10획 ┊ 東海( ), 海上( )

行	行	行						

다닐 행 行, 6획 ┊ 行步( ), 同行( )

[☞ 글씨는 뒷표지 안쪽 기본 점획표를 익혀 정자로 바르게 씁시다.]

※획수는 총 획수를 나타냄

▶ 다음은 5급에 추가된 신출한자 150字입니다. 다음 한자를 정자로 쓰고 아래 한자어의 독음(讀音)을 쓰시오.

血	血	血						

피 혈　　血, 6획　血氣(　　　　　), 出血(　　　　　　　)

形	形	形						

모양 형　　彡, 7획　外形(　　　　　), 形言(　　　　　　　)

花	花	花						

꽃 화　　艸, 8획　國花(　　　　　), 百花(　　　　　)

話	話	話						

말씀 화　　言, 13획　手話(　　　　　), 神話(　　　　　　)

和	和	和						

화할 화　　口, 8획　和答(　　　　　), 和色(　　　　　)

[☞ 글씨는 뒷표지 안쪽 기본 점획표를 익혀 정자로 바르게 씁시다.]　　　　　※획수는 총 획수를 나타냄

▶ 다음은 5급에 추가된 신출한자 150字입니다. 다음 한자를 정자로 쓰고 아래 한자어의 독음(讀音)을 쓰시오.

活	活	活						

살 활	水, 9획	死活(	), 活力(	)

黃	黃	黃						

누를 황	黃, 12획	黃色(	), 黃土(	)

會	會	會						

모일 회	日, 13획	社會(	), 會見(	)

孝	孝	孝						

효도 효	子, 7획	孝心(	), 孝行(	)

後	後	後						

뒤 후	彳, 9획	後聞(	), 後世(	)

[☞ 글씨는 뒷표지 안쪽 기본 점획표를 익혀 정자로 바르게 씁시다.] ※획수는 총 획수를 나타냄

본보기	中	가운데 중

歌	計
家	高
各	功
間	空
強	共
開	科
去	光
見	敎
京	交

| 본보기 | 中 | 가운데 중 |

校		農	
區		多	
國		短	
軍		答	
近		當	
急		對	
旗		代	
記		道	
氣		刀	

본보기	中	가운데 중

讀		理	
冬		里	
洞		利	
頭		萬	
等		每	
登		面	
樂		命	
來		明	
老		毛	

無		番	
聞		別	
問		步	
物		部	
米		分	
民		社	
班		事	
半		死	
放		色	

書		市	
線		植	
性		神	
成		身	
所		信	
首		新	
詩		室	
時		安	
示		夜	

본보기	中	가운데 중

弱		原	
語		元	
言		有	
永		肉	
英		育	
午		銀	
用		音	
友		邑	
遠		意	

◈ 5급 선정한자 중 신출한자 150字입니다. 다음 한자의 훈음(뜻과 소리)을 쓰시오.(28~57쪽을 참고 하시오)

※한글을 정자로 바르게 쓰시오.

| 본보기 | 中 | 가운데 중 |

作		祖	
長		晝	
場		住	
才		竹	
田		重	
電		直	
前		草	
全		村	
朝		秋	

| 본보기 | 中 | 가운데 중 |

春	韓
親	漢
太	合
通	海
貝	行
便	血
平	形
夏	花
學	話

| 본보기 | 中 | 가운데 중 |

和	
活	
黃	
會	
孝	
後	

◆5급 선정한자 중 신출한자 150字입니다. 다음 훈음(뜻과 소리)에 맞는 한자를 쓰시오.(28∼57쪽을 참고 하시오)

※한자를 정자로 바르게 쓰시오

| 본보기 | (가운데 중) | 中 |

노래 가	셀 계
집 가	높을 고
각각 각	공 공
사이 간	빌 공
강할 강	함께 공
열 개	과목 과
갈 거	빛 광
볼 견	가르칠 교
서울 경	사귈 교

◆5급 선정한자 중 신출한자 150字입니다. 다음 훈음(뜻과 소리)에 맞는 한자를 쓰시오.(28~57쪽을 참고 하시오)

※한자를 정자로 바르게 쓰시오

| 본보기 | (가운데 중) | 中 |

학교 교		농사 농	
나눌 구		많을 다	
나라 국		짧을 단	
군사 군		대답 답	
가까울 근		마땅할 당	
급할 급		대답할 대	
기 기		대신할 대	
기록할 기		길 도	
기운 기		칼 도	

읽을　독		다스릴 리	
겨울　　동		마을　리	
고을　동		이로울 리	
머리　두		일만　만	
무리　등		매양　매	
오를　등		낮　면	
즐거울 락		목숨　명	
올　래		밝을　명	
늙을　로		털　모	

◆5급 선정한자 중 신출한자 150字입니다. 다음 훈음(뜻과 소리)에 맞는 한자를 쓰시오.(28~57쪽을 참고 하시오)

※한자를 정자로 바르게 쓰시오.

| 본보기 | (가운데 중) | 中 |

없을 무		차례 번	
들을 문		다를 별	
물을 문		걸음 보	
물건 물		거느릴,마을 부	
쌀 미		나눌 분	
백성 민		모일 사	
나눌 반		일 사	
절반 반		죽을 사	
놓을 방		빛 색	

| 본보기 | (가운데 중) | 中 |

글 서	저자 시
줄 선	심을 식
성품 성	귀신 신
이룰 성	몸 신
바 소	믿을 신
머리 수	새로울 신
글 시	집 실
때 시	편안할 안
보일 시	밤 야

약할 약		근본 원	
말씀 어		으뜸 원	
말씀 언		있을 유	
길 영		고기 육	
꽃부리 영		기를 육	
낮 오		은 은	
쓸 용		소리 음	
벗 우		고을 읍	
멀 원		뜻 의	

| 본보기 | (가운데 중) | 中 |

지을 작		할아비 조	
긴 장		낮 주	
마당 장		살 주	
재주 재		대 죽	
밭 전		무거울 중	
번개 전		곧을 직	
앞 전		풀 초	
온전할 전		마을 촌	
아침 조		가을 추	

| 본보기 | (가운데 중) | 中 |

봄 춘		나라이름 한	
친할 친		한수 한	
클 태		합할 합	
통할 통		바다 해	
조개 패		다닐 행	
편할 편		피 혈	
평평할 평		모양 형	
여름 하		꽃 화	
배울 학		말씀 화	

화할 화			
살 활			
누를 황			
모일 회			
효도 효			
뒤 후			

한자어(漢字語)에 알맞은 독음(讀音)쓰기

◆다음 漢字語의 讀音을 쓰고 그 낱말의 뜻을 읽혀 봅시다.

| 본보기 | 火木 | 화목 | 땔나무 |

家計		한 집안의 살림살이
家事		집안 살림에 관한 일
歌手		노래 부르는 일을 직업으로 삼는 사람
家長		한 집안의 어른
家和萬事成		집안이 화목하면 모든 일이 다 잘 되어 나간다는 뜻
各部		각각의 부분
各人各色		사람마다 각각 다름

江山		강과 산
强弱		강하고 약함
强直		마음이 굳세고 곧음
開放		문을 열어 놓음
開市		시장을 열어 거래가 시작됨
開通		막혔던 것이 통하게 됨
開花		꽃이 핌

開會	회의·회합을 시작함	古書	옛날 글, 옛날 문서
去來	상품을 사고 파는 일	古詩	옛날 시
見物生心	물건을 보면 욕심이 생김	空間	비어있는 장소
見本	본보기가 되는 물건	空氣	지구를 둘러 싼 기체
計寸	일가의 촌수를 따지는 일	共同	두 사람 이상이 일을 같이 함
古今	옛날과 지금	功力	애써 들인 힘
古代	옛날, 오래 전의 시대	共用	공동으로 사용함
高等	등급이 높음	共學	남녀가 한 학교나 같은 학급에서 함께 공부함
古色	오래 되어 낡은 빛	科目	학교에서 가르치는 교과의 한 구분

光線	빛, 빛의 줄기	近代	가까운 시대
教科	가르치는 과목	金銀	금과 은
交信	통신을 주고받음	急所	가장 중요한 부분
教室	학교에서 주로 수업에 쓰이는 방	記事	신문이나 잡지 등에 어떤 사실을 실어 알리는 글
交友	벗을 사귐	氣色	얼굴에 나타난 표정
教育	가르쳐 기름	旗手	기를 드는 사람
區別	종류에 따라 갈라 놓음		

ㄴ

國軍	그 나라의 군대	南男北女	우리나라에서 남쪽지방은 남자, 북쪽 지방은 여자가 아름답다는 말
國旗	나라를 대표하는 깃발	男女	남자와 여자

南北	남쪽과 북쪽		**ㄷ**
内科	내장의 기관에서 생기는 병을 다스리는 분과	多讀	많이 읽음
來年	올해의 다음 해	多少	많음과 적음
内心	속마음	多作	작품을 많이 만듦
老少	늙은이와 젊은이	當時	일이 생긴 그 때
老後	늙은 뒤	對答	묻는 말에 자기의 뜻을 나타냄
農家	농사짓는 이의 집	代理	대신해서 일을 처리 함
農業	농사짓는 일	大小	크고 작음
農村	농사짓는 이들이 사는 마을	大小便	똥과 오줌

大韓民國	우리나라의 국호

讀音	글 읽는 소리, 한자의 음

洞里	지방행정구역인 동과 리, 마을

同名	이름이 서로 같음

東問西答	묻는 말과는 전혀 다른 엉뚱한 대답

東西	동쪽과 서쪽

同時	같은 때나 시기

同音	같은 소리

同意	의견을 같이 함

頭目	우두머리

登科	과거에 급제함

登記	법적으로 장부에 기재함

ㅁ

每事	일마다

每日	날마다

面會	찾아가거나 찾아온 사람을 만나봄

明答	분명한 대답

明明白白	의심할 여지가 없이 아주 뚜렷함

明示	분명하게 밝힘	半信	반쯤만 믿음
無心	아무런 생각이 없음	班長	반의 책임자
問答	물음과 대답	放出	한꺼번에 내 놓음
問安	웃어른께 안부를 여쭘	放學	일정기간 수업을 쉼
門前成市	권세가나 부자가 되어 집 앞이 방문객으로 저자를 이루다시피 함	放火	일부러 불을 지름
物理	모든 물건의 이치	百年大計	먼 장래를 내다보고 세우는 큰 계획
民主	주권이 국민에게 있음	白米	흰 쌀

ㅂ

番地	지목, 주소에 매긴 번호
半步	반 걸음
別名	특징을 따서 남이 지어 부르는 딴 이름

步道	사람이 다니는 길	部下	명령을 받고 움직이는 사람
步行	무엇을 타지 않고 걸어서감	分家	따로 살림을 차림
本家	본집. 친정집	分別	사물을 종류에 따라 나누어 가름, 사리에 맞게 판단함
本來	본디. 전부터	分野	몇으로 나눈 각각의 범위
本部	기관이나 단체의 중심 조직	不毛地	식물이 자라지 않는 거칠고 메마른 땅
本意	본래의 의사	人	
部門	갈라놓은 부류	社交	사회생활에서의 사람끼리의 사귐
部分	전체를 몇 개로 나눈 것의 하나	死力	죽을 힘
部首	옥편을 찾는 길잡이, 부분 글자	事理	일의 이치

事物	일이나 물건	三十六計	많은 꾀, 뺑소니
四方八方	모든 방면, 여러 방면	上京	서울로 올라감
死生	죽음과 삶	上水道	음료수 등으로 쓰기 위한 물을 수도관 등으로 급수하는 설비
事前	일이 벌어지기 전	生死	삶과 죽음
四海兄弟	온 천하의 사람들	成年	만20세 이상의 나이
死活	죽느냐 사느냐의 갈림	成立	사물이 이루어짐
社會	인간이 모여서 생활하는 집단	姓名	성과 이름
事後	일이 지난 뒤	性別	남녀 또는 암수의 구별
死後	죽은 뒤	成分	화합물·혼합물 따위를 이루고 있는 물질

成長	자라서 점점 커짐

時急	때가 아주 급하게 됨

所見	보고 느낀 의견

時代	그 당시, 역사적인 기간

所聞	전하여 들리는 말

詩文	시와 산문

所用	무엇에 쓰임, 또는 무엇에 쓰이는 바

詩語	시에 쓰는 말

所有	갖고 있음 또는 가지고 있는 물건

市外	도시 밖의 부근

手足	손과 발

市場	매매의 거래가 이루어지는 곳

手話	손짓으로 하는 말

植木	나무를 심음

詩歌	시, 시와 노래와 창곡을 통틀어 이르는 말

植物	일체의 초목

時間	시각과 시각과의 사이

新聞	소식을 전하는 정기간행물

身分	사회적인 개인의 위치

新世代	새로운 세대	安樂	편안하고 즐거움
信用	확실하다고 믿음	安心	마음을 편안히 가짐
新入	새로 들어옴	安全	위험하지 않음
新正	새해의 첫머리, 양력설	夜間	밤사이
神話	신을 중심으로 엮어진 설화	夜光	밤에 빛이 남
室內	방안, 집안	夜食	밤에 음식을 먹음
心理	마음의 움직임이나 상태	弱小	약하고 작음
心性	본디부터 타고난 마음씨, 참된 본성	言語	생각이나 느낌을 음성으로 전달하는 수단과 체계

言行	말과 행동	牛毛	소의 털
女軍	여자군인	遠近	멀고 가까움
年老	나이가 많음	遠大	규모가 큼, 뜻이 큼
永遠	끝없는 세월	原本	근본이 되는 문서
英才	뛰어난 재주를 가진 사람	元首	외국에 나라를 대표하는 사람
永住	일정한 곳에 오랫동안 삶	原形	본디의 모양
午前	자정부터 정오까지의 시간	有口無言	입은 있으나 할 말이 없다는 뜻으로 변명할 말이 없음
樂山樂水	산과 물을 좋아함	有利	이익이 있음, 이로움
用語	사용하는 말	有無	있음과 없음

育成	길러냄, 길러서 키움

意外	뜻밖, 생각 밖

育英	영재를 가르쳐 기름

利用	이롭게 씀, 쓸모있게 씀

銀行	금융기관

人山人海	산과 바다처럼 많은 사람이 모인 상

音讀	소리내어 읽음

一口二言	한입으로 두말 한다는뜻으로 말을 이랬다저랬다 함을 이르는 말

音樂	소리에 의한 예술

一生一死	한번나고 한번죽는 일

邑面	행정구역인 읍과 면

日月	해와 달

邑長	읍의 행정 사무를 통괄하는 책임자

一日三秋	하루가 3년 같다는 뜻으로 매우 지루하거나 매우 애태우며 기다림을 이르는 말

意見	마음에 느낀 바 생각

立場	처지. 처하여 있는 형편이나 사정

衣食	의복과 음식

入場	회의장이나 식장 따위의 장내로 들어감

子女	아들과 딸
自問自答	제가 묻고 제가 답함
自白	스스로의 죄를 고백함
自手成家	물려받은 재산 없이 스스로의 힘으로 어엿한 한 살림을 이룩하는 일
自信	자기의 능력에 대한 믿음
自意	자기 스스로의 생각
自活	제 힘으로 생활함
作文	글을 지음 또는 그 글
作心	마음을 단단히 먹음

作心三日	결심이 사흘을 가지 못함
作用	움직여 가동함
長短	길고 짧음
場面	어떤 장소에서 벌어진 광경
場所	무엇이 있거나 무슨 일이 벌어지거나 하는 곳
長音	긴소리
電光石火	극히 짧은 시간
電氣	물체의 마찰로 일어나는 현상
全部	모두 다

電線	전류를 통하게 하는 쇠줄		晝間	낮, 낮 동안
全心	온 마음		住民	일정한 곳에 사는 국민
前後	앞과 뒤		住所	사람이 자리를 잡아 살고 있는 곳
正午	낮12시		晝夜	낮과 밤
正直	바르고 곧음		竹刀	대나무로 만든 칼
祖國	조상적부터 살아 온 나라		竹林	대나무 숲
祖父	할아버지		重大	매우 중요함
朝夕	아침과 저녁		直線	곧게 그은 선
左右	왼쪽과 오른쪽		直前	일이 생기기 바로 전

直通	장애가 없이 바로 통함

春夏秋冬	봄·여름·가을·겨울의 사철

直行	목적지로 곧장 감

出入	나아가고 들어옴

直後	바로 뒤, 그 후

出血	피가 혈관 밖으로 나옴

ㅊ

親交	친밀한 사귐

天地	하늘과 땅

ㅌ

草食	푸성귀나 풀만 먹음

太古	아주 오랜 옛날

草原	풀이 난 들

太祖	개국한 임금에게 올린 묘호

秋夕	팔월 한가위

太平	세상이 안정되고 평안함

春秋	봄과 가을

通信	소식을 전함

通用	일반에 두루 쓰임

下問	아랫사람에게 물어봄

通話	말을 서로 주고받음

漢文	한자로 쓴 글

漢詩	한문으로 된 시

ㅍ

貝物	산호나 수정 따위로 만든 물건

合同	둘 이상을 하나로 함

便利	편하고 쉬움

合理	이치에 맞음

平安	무사히 잘 있음

海神	바다를 다스리는 신

ㅎ

行樂	잘 놀고 즐겁게 지냄

下教	윗사람이 아랫사람에게 가르쳐 줌

血肉	피와 살, 자기가 낳은 자식

下校	학교에서 공부를 마치고 돌아옴

形色	모양과 빛깔

形成	어떠한 모양을 이룸		會話	서로 만나서 얘기함
兄弟	형과 아우		孝道	부모를 잘 섬기는 도리
形形色色	모양과 종류가 다른 가지가지, 가지각색		後記	뒷날의 기록
和答	시, 노래에 대해 응답함		後聞	어떤 사건이 지난 뒤의 소문
和樂	화평하고 즐거움		休日	일을 하지 않고 쉬는 날
活氣	활발한 기운이나 기개			
活用	살리어 잘 응용함			
黃土	누르고 거무스름한 흙			
會社	영리 목적의 단체			

낱말에 알맞은 한자(漢字)쓰기

◆ 다음 낱말의 뜻에 알맞은 한자를 쓰시오.

본보기	화목	火木	뗄나무

ㄱ

가계	한 집안의 살림살이	강산	강과 산
가사	집안 살림에 관한 일	강약	강하고 약함
가수	노래 부르는 일을 직업으로 삼는 사람	강직	마음이 굳세고 곧음
가장	한 집안의 어른	개방	문을 열어 놓음
가화만사성	집안이 화목하면 모든 일이 다 잘 되어 나간다는 뜻	개시	시장을 열어 거래가 시작됨
각부	각각의 부분	개통	막혔던 것이 통하게 됨
각인각색	사람마다 각각 다름	개화	꽃이 핌

개회	회의·회합을 시작함	고서	옛날 글, 옛날 문서
거래	상품을 사고 파는 일	고시	옛날 시
견물생심	물건을 보면 욕심이 생김	공간	비어있는 장소
견본	본보기가 되는 물건	공기	지구를 둘러 싼 기체
계촌	일가의 촌수를 따지는 일	공동	두 사람 이상이 일을 같이 함
고금	옛날과 지금	공력	애써 들인 힘
고대	옛날, 오래 전의 시대	공용	공동으로 사용함
고등	등급이 높음	공학	남녀가 한 학교나 같은 학급에서 함께 공부함
고색	오래 되어 낡은 빛	과목	학교에서 가르치는 교과의 한 구분

광선	빛, 빛의 줄기	근대	가까운 시대
교과	가르치는 과목	금은	금과 은
교신	통신을 주고받음	급소	가장 중요한 부분
교실	학교에서 주로 수업에 쓰이는 방	기사	신문이나 잡지 등에 어떤 사실을 실어 알리는 글
교우	벗을 사귐	기색	얼굴에 나타난 표정
교육	가르쳐 기름	기수	기를 드는 사람
구별	종류에 따라 갈라 놓음		ㄴ
국군	그 나라의 군대	남남북녀	우리나라에서 남쪽지방은 남자, 북쪽 지방은 여자가 아름답다는 말
국기	나라를 대표하는 깃발	남녀	남자와 여자

남북	남쪽과 북쪽

내과	내장의 기관에서 생기는 병을 다스리는 분과		다독	많이 읽음
내년	올해의 다음 해		다소	많음과 적음
내심	속마음		다작	작품을 많이 만듦
노소	늙은이와 젊은이		당시	일이 생긴 그 때
노후	늙은 뒤		대답	묻는 말에 자기의 뜻을 나타냄
농가	농사짓는 이의 집		대리	대신해서 일을 처리 함
농업	농사짓는 일		대소	크고 작음
농촌	농사짓는 이들이 사는 마을		대소변	똥과 오줌

대한민국	우리나라의 국호
독음	글 읽는 소리, 한자의 음
동리	지방행정구역인 동과 리, 마을
동명	이름이 서로 같음
동문서답	묻는 말과는 전혀 다른 엉뚱한 대답
동서	동쪽과 서쪽
동시	같은 때나 시기
독음	같은 소리
동의	의견을 같이 함

두목	우두머리
등과	과거에 급제함
등기	법적으로 장부에 기재함

ㅁ

매사	일마다
매일	날마다
면회	찾아가거나 찾아온 사람을 만나봄
명답	분명한 대답
명명백백	의심할 여지가 없이 아주 뚜렷함

명시	분명하게 밝힘		반신	반쯤만 믿음
무심	아무런 생각이 없음		반장	반의 책임자
문답	물음과 대답		방출	한꺼번에 내 놓음
문안	웃어른께 안부를 여쭘		방학	일정기간 수업을 쉼
문전성시	권세가나 부자가 되어 집 앞이 방문객으로 저자를 이루다시피 함		방화	일부러 불을 지름
물리	모든 물건의 이치		백년대계	먼 장래를 내다보고 세우는 큰 계획
민주	주권이 국민에게 있음		백미	흰 쌀

ㅂ

반보	반 걸음		번지	지목, 주소에 매긴 번호
			별명	특징을 따서 남이 지어 부르는 딴 이름

보도	사람이 다니는 길		부하	명령을 받고 움직이는 사람
보행	무엇을 타지 않고 걸어서감		분가	따로 살림을 차림
본가	본집. 친정집		분별	사물을 종류에 따라 나누어 가름, 사리에 맞게 판단함
본래	본디. 전부터		분야	몇으로 나눈 각각의 범위
본부	기관이나 단체의 중심 조직		불모지	식물이 자라지 않는 거칠고 메마른 땅
본의	본래의 의사			

ㅅ

부문	갈라놓은 부류		사교	사회생활에서의 사람끼리의 사귐
부분	전체를 몇 개로 나눈 것의 하나		사력	죽을 힘
부수	옥편을 찾는 길잡이, 부분 글자		사리	일의 이치

사물	일이나 물건	삼십육계	많은 꾀, 뺑소니
사방팔방	모든 방면, 여러 방면	상경	서울로 올라감
사생	죽음과 삶	상수도	음료수 등으로 쓰기 위한 물을 수도관 등으로 급수하는 설비
사전	일이 벌어지기 전	생사	삶과 죽음
사해형제	온 천하의 사람들	성년	만20세 이상의 나이
사활	죽느냐 사느냐의 갈림	성립	사물이 이루어짐
사회	인간이 모여서 생활하는 집단	성명	성과 이름
사후	일이 지난 뒤	성별	남녀 또는 암수의 구별
사후	죽은 뒤	성분	화합물·혼합물 따위를 이루고 있는 물건

성장	자라서 점점 커짐	시급	때가 아주 급하게 됨
소견	보고 느낀 의견	시대	그 당시, 역사적인 기간
소문	전하여 들리는 말	시문	시와 산문
소용	무엇에 쓰임, 또는 무엇에 쓰이는 바	시어	시에 쓰는 말
소유	갖고 있음 또는 가지고 있는 물건	시외	도시 밖의 부근
수족	손과 발	시장	매매의 거래가 이루어지는 곳
수화	손짓으로 하는 말	식목	나무를 심음
시가	시, 시와 노래와 창곡을 통틀어 이르는 말	식물	일체의 초목
시간	시각과 시각과의 사이	신문	소식을 전하는 정기간행물

신분	사회적인 개인의 위치

신세대	새로운 세대

안락	편안하고 즐거움

신용	확실하다고 믿음

안심	마음을 편안히 가짐

신입	새로 들어옴

안전	위험하지 않음

신정	새해의 첫머리, 양력설

야간	밤사이

신화	신을 중심으로 엮어진 설화

야광	밤에 빛이 남

실내	방안, 집안

야식	밤에 음식을 먹음

심리	마음의 움직임이나 상태

약소	약하고 작음

심성	본디부터 타고난 마음씨, 참된 본성

언어	생각이나 느낌을 음성으로 전달하는 수단과 체계

언행	말과 행동	우모	소의 털
여군	여자군인	원근	멀고 가까움
연로	나이가 많음	원대	규모가 큼, 뜻이 큼
영원	끝없는 세월	원본	근본이 되는 문서
영재	뛰어난 재주를 가진 사람	원수	외국에 나라를 대표하는 사람
영주	일정한 곳에 오랫동안 삶	원형	본디의 모양
오전	자정부터 정오까지의 시간	유구무언	입은 있으나 할 말이 없다는 뜻으로 변명할 말이 없음
요산요수	산과 물을 좋아함	유리	이익이 있음, 이로움
용어	사용하는 말	유무	있음과 없음

육성	길러냄, 길러서 키움	의외	뜻밖, 생각 밖
육영	영재를 가르쳐 기름	이용	이롭게 씀, 쓸모있게 씀
은행	금융기관	인산인해	산과 바다처럼 많은 사람이 모인 상
음독	소리내어 읽음	일구이언	한입으로 두말 한다는 뜻으로 말을 이랬다저랬다 함을 이르는 말
음악	소리에 의한 예술	일생일사	한 번 나고 한 번 죽는 일
읍면	행정구역인 읍과 면	일월	해와 달
읍장	읍의 행정 사무를 통괄하는 책임자	일일삼추	하루가 3년 같다는 뜻으로 매우 지루하거나 매우 애태우며 기다림을 이르는 말
의견	마음에 느낀 바 생각	입장	처지, 처하여 있는 형편이나 사정
의식	의복과 음식	입장	회의장이나 식장 따위의 장내로 들어감

자녀	아들과 딸	작심삼일	결심이 사흘을 가지 못함
자문자답	제가 묻고 제가 답함	작용	움직여 가동함
자백	스스로의 죄를 고백함	장단	길고 짧음
자수성가	물려받은 재산 없이 스스로의 힘으로 어엿한 한 살림을 이룩하는 일	장면	어떤 장소에서 벌어진 광경
자신	자기의 능력에 대한 믿음	장소	무엇이 있거나 무슨 일이 벌어지거나 하는 곳
자의	자기 스스로의 생각	장음	긴소리
자활	제 힘으로 생활함	전광석화	극히 짧은 시간
작문	글을 지음 또는 그 글	전기	물체의 마찰로 일어나는 현상
작심	마음을 단단히 먹음	전부	모두 다

전선	전류를 통하게 하는 쇠줄	주간	낮, 낮 동안
전심	온 마음	주민	일정한 곳에 사는 국민
전후	앞과 뒤	주소	사람이 자리를 잡아 살고 있는 곳
정오	낮12시	주야	낮과 밤
정직	바르고 곧음	죽도	대나무로 만든 칼
조국	조상적부터 살아 온 나라	죽림	대나무 숲
조부	할아버지	중대	매우 중요함
조석	아침과 저녁	직선	곧게 그은 선
좌우	왼쪽과 오른쪽	직전	일이 생기기 바로 전

직통	장애가 없이 바로 통함
직행	목적지로 곧장 감
직후	바로 뒤, 그 후

ㅊ

천지	하늘과 땅
초식	푸성귀나 풀만 먹음
초원	풀이 난 들
추석	팔월 한가위
춘추	봄과 가을

춘하추동	봄·여름·가을·겨울의 사철
출입	나아가고 들어옴
출혈	피가 혈관 밖으로 나옴
친교	친밀한 사귐

ㅌ

태고	아주 오랜 옛날
태조	개국한 임금에게 올린 묘호
태평	세상이 안정되고 평안함
통신	소식을 전함

통용	일반에 두루 쓰임		하문	아랫사람에게 물어봄
통화	말을 서로 주고받음		한문	한자로 쓴 글

ㅍ

			한시	한문으로 된 시
패물	산호나 수정 따위로 만든 물건		합동	둘 이상을 하나로 함
편리	편하고 쉬움		합리	이치에 맞음
평안	무사히 잘 있음		해신	바다를 다스리는 신

ㅎ

			행락	잘 놀고 즐겁게 지냄
하교	윗사람이 아랫사람에게 가르쳐 줌		혈육	피와 살, 자기가 낳은 자식
하교	학교에서 공부를 마치고 돌아옴		형색	모양과 빛깔

형성	어떠한 모양을 이룸	회화	서로 만나서 얘기함
형제	형과 아우	효도	부모를 잘 섬기는 도리
형형색색	모양과 종류가 다른 가지가지, 가지각색	후기	뒷날의 기록
화답	시, 노래에 대해 응답함	후문	어떤 사건이 지난 뒤의 소문
화락	화평하고 즐거움	휴일	일을 하지 않고 쉬는 날
활기	활발한 기운이나 기개		
활용	살리어 잘 응용함		
황토	누르고 거무스름한 흙		
회사	영리 목적의 단체		

반의자(反義字)

强↔弱	問↔答	有↔無	夏↔冬
去↔來	物↔心	長↔短	血↔肉
敎↔學	死↔生,活	前,先↔後	
老↔少	心↔身	朝↔夕	
多↔少	言↔行	晝↔夜	
登↔下	遠↔近	春↔秋	

유의자(類義字)

家=室	社=會	午=晝
對=答	生=活	肉=身
洞=里=邑	首=頭	正=直
明=白	言=語	便=安
分=別	永=遠	

이음동자(異音同字)

見
①볼견 : 見聞(견문), 見本(견본)
②뵐현 : 謁見(알현)

讀
①읽을독 : 代讀(대독), 音讀(음독)
②구절두 : 吏*讀(이두), 句讀點*(구두점)

洞
①고을 동 : 洞口(동구), 空洞(공동)
②꿰뚫을통 : 洞達*(통달), 洞察*力(통찰력)

樂
①즐거울락 : 行樂(행락), 道樂(도락)
②풍류 악 : 音樂(음악), 樂士(악사)
③좋아할요 : 樂山(요산), 樂水(요수)

分
①나눌 분 : 分別(분별)
②푼 푼 : 五分(오푼-길이), 分錢*(푼전)

場
①마당장 : 場所(장소)
②도량량 : 道場(도량-불도를 닦는 곳, 절)

便
①편할 편 : 便利(편리), 便安(편안)
②똥오줌변 : 便所(변소), 大小便(대소변)

合
①합할합 : 合同(합동)
②홉 홉 : 한 되(升)의 1/10

行
①다닐행 : 行軍(행군), 行步(행보)
②항렬항 : 行列*(항렬)

※謁(뵐알-2급), 吏(아전리-준2급), 點(점점-준3급), 達(통달할달-준3급), 察(살필찰-4급), 錢(돈전-3급), 列(벌일렬-준3급)

반의어(反 義 語)

去年(거년) ↔ 來年(내년)

登山(등산) ↔ 下山(하산)

母音(모음) ↔ 子音(자음)

放學(방학) ↔ 開學(개학)

上午(상오) ↔ 下午(하오)

生前(생전) ↔ 死後(사후)

先天(선천) ↔ 後天(후천)

先生(선생) ↔ 學生(학생)

室內(실내) ↔ 室外(실외)

午前(오전) ↔ 午後(오후)

有利(유리) ↔ 不利(불리)

有形(유형) ↔ 無形(무형)

入國(입국) ↔ 出國(출국)

入金(입금) ↔ 出金(출금)

長音(장음) ↔ 短音(단음)

前面(전면) ↔ 後面(후면)

前半(전반) ↔ 後半(후반)

正當(정당),合當(합당) ↔ 不當(부당)

正門(정문) ↔ 後門(후문)

正午(정오) ↔ 子正(자정)

便安(편안) ↔ 不安(불안)

活火山(활화산) ↔ 休火山(휴화산)

유의어(類義語)

家內(가내) = 室內(실내)

高手(고수) = 上手(상수)

區分(구분) = 區別(구별)

農地(농지) = 農土(농토)

大母(대모) = 祖母(조모)

大父(대부) = 祖父(조부)

明年(명년) = 來年(내년)

名目(명목) = 名分(명분)

名門(명문) = 名家(명가)

本來(본래) = 元來(원래)

本土(본토) = 本國(본국)

死力(사력) = 全力(전력)

生氣(생기) = 活氣(활기)

先人(선인) = 先祖(선조)

世上(세상) = 社會(사회) = 世間(세간)

午前(오전) = 上午(상오)

午後(오후) = 下午(하오)

意中(의중) = 心中(심중)

人道(인도) = 步道(보도)

一代(일대) = 一世(일세)

自己(자기) = 自身(자신)

入學(입학) = 入校(입교)

平等(평등) = 同等(동등)

平等　　名門

各人各色 (각인각색)	사람마다 각각 다름. (=各人各樣)
見物生心 (견물생심)	실물을 보고 나면 욕심이 생김.
九死一生 (구사일생)	죽을 고비를 여러 차례 겪고 겨우 살아남.
九牛一毛 (구우일모)	아홉 마리 소 중에 한 가닥의 털이란 뜻으로 많은 수 중에서 가장 적은 것을 비유한 말.
男女老少 (남녀노소)	남자와 여자, 늙은이와 젊은이. 곧 모든 사람.
老少同樂 (노소동락)	늙은이와 젊은이가 함께 즐김.
多聞多讀 (다문다독)	많이 듣고, 많이 읽음. (三多:多聞·多讀·多商量–많이 생각함) 중국의 구양수(歐陽修)가 글을 잘 짓는 비결로써 든 것임.
大韓民國 (대한민국)	우리나라의 국호(國號) "大韓民國 民主共和國"
東問西答 (동문서답)	묻는 말에 당치도 않는 아주 딴판인 엉뚱한 대답을 함.
萬萬不當 (만만부당)	조금도 이치에 합당치 않고 얼토당토않음.
明明白白 (명명백백)	의심할 여지가 없이 아주 뚜렷함.
無主空山 (무주공산)	임자 없는 빈 산.

門前成市 (문전성시)	대문 앞이 저자를 이룬다는 뜻으로, 세도가나 부잣집 문 앞이 방문객으로 저자를 이루다시피함을 이르는 말.
百年大計 (백년대계)	먼 앞날까지에 걸친 큰 계획.
白面書生 (백면서생)	글만 읽고 세상일에 경험이 없는 사람.(=白面書郎)
父子有親 (부자유친)	아버지와 자식은 친함이 있어야 한다.
不遠千里 (불원천리)	천리 길도 멀다 하지 않는다는 뜻으로, 먼 길인데도 개의하지 않고 열심히 달려감을 이르는 말.
不老長生 (불로장생)	늙지 않고 오래 삶.
死生有命 (사생유명)	사람의 살고 죽음은 다 천명에 달려 있으므로 사람의 힘으로는 어찌할 수 없음을 이르는 말.
四海兄弟 (사해형제)	이 세상 사람은 모두 형제처럼 사이좋게 서로 사랑해야 함.(=四海同胞)
死後功名 (사후공명)	죽은 뒤에 내리는 벼슬.
山川草木 (산천초목)	산과 내, 풀과 나무라는 뜻으로, 자연을 일컬음. (=山川萬物)
三十六計 (삼십육계)	36가지 계책 중에서 줄행랑이 상책이라는 뜻으로, 곤란할 때에는 기회를 보아 피함으로써 몸의 안전을 지키는 것이 최상의 방법이라는 말.(=走爲上計)
弱肉强食 (약육강식)	강한 자가 약한 자를 희생시키고, 더 약한 자가 강한 자에게 끝내는 멸망한다는 뜻.
樂山樂水 (요산요수)	산과 물을 좋아함. 곧 자연을 사랑함.

有口無言 (유구무언)	변명할 말이 없음. 입이 열이라도 할 말이 없음.
人山人海 (인산인해)	사람이 헤아릴 수 없이 많이 모였음을 뜻함.
一口二言 (일구이언)	한 입으로 두 말을 한다는 뜻으로, 말을 이랬다저랬다 함을 이르는 말.
一問一答 (일문일답)	하나의 질문에 대하여 하나씩 답변함, 또는 그 일을 여러차례 되풀이 함.
一生一死 (일생일사)	한 번 나고 한 번 죽는 일.
一日三秋 (일일삼추)	하루가 삼년 같다는 뜻으로, 사랑하는 사람끼리의 사모하는 마음이 간절함을 이르는 말. 뜻대로 만날 수 없는 초조함을 나타내는 말.
一長一短 (일장일단)	장점도 있고 단점도 있음.
一朝一夕 (일조일석)	하루 아침이나 하루 저녁과 같이 짧은 시간.
自高自大 (자고자대)	교만하여 스스로 잘난 체함.
自問自答 (자문자답)	스스로 묻고 스스로 대답한다는 뜻으로, 마음속으로 대화함을 이르는 말.
自手成家 (자수성가)	물려받은 재산이 없는 사람이 자기 혼자의 힘으로 한 살림을 이룩함을 이르는 말.
作心三日 (작심삼일)	결심이 굳지 못함을 가리키는 말.
電光石火 (전광석화)	번개나 부싯돌의 불이 번쩍이는 것처럼 극히 짧은 순간 또는 재빠른 동작.

前無後無 (전무후무)	과거에도 없었고 앞으로도 없음.
前後左右 (전후좌우)	앞쪽과 뒤쪽과 왼쪽과 오른쪽. 곧 사방(四方)
晝夜長川 (주야장천)	밤낮으로 쉬지 않고 연달아.
千軍萬馬 (천군만마)	천 명의 군사와 만 마리의 군마라는 뜻으로 썩 많은 군사와 말을 이르는 말.(=千兵萬馬)
天地神明 (천지신명)	천지의 여러 신. 우주를 주관하는 신령.
草家三間 (초가삼간)	썩 작은 초가를 이르는 말.
春夏秋冬 (춘하추동)	봄, 여름, 가을, 겨울. 사계절.
形形色色 (형형색색)	모양이나 종류가 다른 가지가지. 가지各色을 말함.

1회
심화학습문제

시험시간 : 40분

점수:

※ 다음 한자의 훈음이 바른 것을 고르시오.

1. 明 (　) ①다스릴 리 ②사이 간
　　　　　③밝을 명 ④때 시

2. 歌 (　) ①거리 가 ②노래 가
　　　　　③집 가 ④더할 가

3. 來 (　) ①쉴 휴 ②올 래
　　　　　③좁을 협 ④물 수

4. 姓 (　) ①성품 성 ②좋을 호
　　　　　③날 생 ④성씨 성

5. 電 (　) ①번개 전 ②비 우
　　　　　③밭 전 ④군사 군

6. 後 (　) ①밤 야 ②뒤 후
　　　　　③이로울 리 ④대신할 대

7. 親 (　) ①대답할 대 ②기운 기
　　　　　③편할 편 ④친할 친

8. 色 (　) ①고을 읍 ②맏 형
　　　　　③빛 색 ④소리 음

9. 命 (　) ①목숨 명 ②밥 식
　　　　　③온전할 전 ④이제 금

10. 答 (　) ①마땅할 당 ②차례 번
　　　　　③일만 만 ④대답 답

※ 다음 훈음에 맞는 한자를 고르시오.

11. 함께 공 (　) ①空 ②黃 ③共 ④位

12. 귀신 신 (　) ①示 ②神 ③短 ④耳

13. 여름 하 (　) ①夏 ②血 ③向 ④百

14. 낮 오 (　) ①作 ②刀 ③午 ④才

15. 조개 패 (　) ①魚 ②田 ③月 ④貝

16. 효도 효 (　) ①永 ②敎 ③孝 ④急

17. 나눌 반 (　) ①班 ②玉 ③王 ④五

18. 많을 다 (　) ①步 ②去 ③竹 ④多

19. 앞 전 (　) ①前 ②全 ③靑 ④弟

20. 셀 계 (　) ①部 ②新 ③安 ④計

※ 다음 물음에 알맞은 답을 고르시오.

21. 나무의 뿌리 부분에 점을 찍어 "뿌리" 곧 "근본"이라는 뜻을 나타내는 한자는? (　)
　　①末 ②木 ③休 ④本

---

22. 다음 중 나머지 셋과 음이 <u>다른</u> 한자는? (   )

①門   ②間   ③聞   ④問

23. "面目"에서 밑줄 친 "面"자의 훈음으로 올바른 것은?

(   )

①방향면   ②겉면   ③얼굴면   ④앞면

24. 다음 중 동물을 나타내는 한자가 <u>아닌</u> 것은?

(   )

①花   ②羊   ③犬   ④馬

25. 다음 중 한자와 그 한자를 쓰는 순서를 설명한 것으로

바르지 <u>않은</u> 것은?   (   )

①川 : 왼쪽에서 오른쪽으로 쓴다.

②二 : 위에서 아래로 쓴다.

③火 : 가운데를 먼저 쓴다.

④十 : 가로획을 먼저 쓰고 세로획을 나중에 쓴다.

26. 다음 중 "言"자와 뜻이 비슷한 한자는?

(   )

①語   ②時   ③書   ④有

27. 다음 중 "古"자와 뜻이 상대되는 한자는?

(   )

①見   ②冬   ③今   ④祖

※ 다음 한자어의 독음이 바른 것을 고르시오.

28. 無線 (   ) ①무선 ②유선 ③무천 ④유천

29. 植字 (   ) ①직자 ②심자 ③식사 ④식자

30. 夜行 (   ) ①암행 ②야행 ③주행 ④잠행

31. 社主 (   ) ①신주 ②시주 ③사주 ④약주

32. 區內 (   ) ①구내 ②군내 ③읍내 ④안내

33. 英詩 (   ) ①영작 ②훈시 ③한시 ④영시

34. 原毛 (   ) ①양모 ②운모 ③원모 ④직모

35. 性別 (   ) ①이별 ②성별 ③석별 ④차별

※ 다음 한자어의 뜻으로 알맞은 것을 고르시오.

36. 立場 (   )

①서서 기다리고 있음

②당면하고 있는 상황

③공장을 세워 일으킴

④학교에 들어가 공부함

37. 名分 (   )

①내세우는 이유나 구실

②이름이 간단 명료함

③분명하게 이야기 함

④성급한 믿음

◀ 다음 낱말을 한자로 바르게 쓴 것을 고르시오.

38. 육중(몸집이나 몸체 등이 크고 무거운 것) (　　　)

①肉中　　②肉重　　③育中　　④育重

39. 일기(날마다 일어난 사실을 적은 기록) (　　　)

①一氣　　②日氣　　③一記　　④日記

◀ 다음 밑줄 친 한자어의 독음으로 바른 것을 고르시오.

40. 제품의 外形으로 볼 때는 별 문제가 없어 보인다.

(　　　)

①구형　　②외형　　③신형　　④내형

41. 白米와 잡곡을 적절하게 섞어 먹는 게 좋다.

(　　　)

①백미　　②백옥　　③백야　　④백광

42. 우리 식구 衣食住 걱정은 없다.　(　　　)

①의복주　　②의실주　　③의향주　　④의식주

◀ 다음 밑줄 친 낱말을 한자로 바르게 쓴 것을 고르시오.

43. 대학교 동문 선후배들이 한자리에 모였다.

(　　　)

①洞問　　②洞門　　③同門　　④同問

44. 서로의 감정 대립이 심화되었다.　(　　　)

①對立　　②代立　　③對入　　④代入

※ 다음 물음에 알맞은 답을 고르시오.

45. "自己"와 비슷한 뜻의 한자어는?　(　　　)

①自手　　②自身　　③自力　　④自立

46. "下山"과 반대되는 뜻의 한자어는?　(　　　)

①石山　　②先山　　③太山　　④登山

47. 다음 중 비슷한 뜻을 가진 글자로 짜여진 한자어는?

(　　　)

①朝夕　　②遠近　　③家室　　④春秋

48. "萬萬不當"의 속뜻으로 알맞은 것은?　(　　　)

①조금도 이치에 합당치 않고 얼토당토않음

②자자손손 태평성대를 누림

③당당함이 없고 비굴함

④부당함이 없는 공정한 처사

49. 다음 중 우리의 평소 행동으로 바르지 못한 것은?

(　　　)

①상대방에게 이야기할 때에는 너무 작거나 크게

말 하지 않고, 알아듣기 좋은 속도로 이야기한다.

②장난삼아 친구에게 발을 걸어 넘어뜨린다.

③전화를 잘못 걸었을 때에는 정중히 사과한다.

④상대방의 인격을 존중하고 겸손한 태도를 갖는다.

50. 다음 중 우리의 전통 놀이가 아닌 것은?　(　　　)

①비사치기　　②투호놀이　　③제기차기　　④포크댄스

※ 다음 한자의 훈음으로 바른 것을 《보기》에서 고르시오.

《 보기 》

①심을식 ②줄 선 ③군사군 ④마당장 ⑤과목과
⑥집 실 ⑦살 주 ⑧아침조 ⑨편할편 ⑩길 영

1. 軍 (   )   2. 線 (   )

3. 植 (   )   4. 場 (   )

5. 住 (   )   6. 室 (   )

7. 科 (   )   8. 朝 (   )

9. 永 (   )   10. 便 (   )

※ 다음 훈음에 맞는 한자를 《보기》에서 고르시오.

《 보기 》

①交 ②來 ③電 ④番 ⑤血
⑥才 ⑦村 ⑧命 ⑨銀 ⑩共

11. 올   래(   )   12. 사귈 교(   )

13. 차례 번(   )   14. 번개 전(   )

15. 피   혈(   )   16. 은   은(   )

17. 재주 재(   )   18. 목숨 명(   )

19. 함께 공(   )   20. 마을 촌(   )

※ 다음 물음에 알맞은 답을 고르시오.

21. 다음 밑줄 친 부분에 해당하는 한자를 잘못 나타낸 것은?   (   )
①눈은 마음의 창이라 한다 : 日
②나무 그늘 아래서 쉬고 있다 : 休
③사람은 각기 다른 개성을 지니고 있다 : 人
④부모님께서는 몸이 약한 동생을 늘 걱정하신다 : 弱

22. 다음 중 "有"자와 어울려 한자어를 만들기에 적당하지 않은 것은?   (   )
①名   ②用   ③向   ④利

23. 다음 중 우리 몸과 관련된 한자가 아닌 것은?
(   )
①耳   ②巾   ③口   ④己

24. 다음 중 사물에서 모양을 본떠 만든 글자가 아닌 것은?   (   )
①田   ②足   ③羊   ④十

25. 다음 중 제부수 한자가 아닌 것은? (   )
①開   ②黃   ③立   ④貝

26. 다음 중 "邑"자와 뜻이 비슷한 한자는?(   )
①寸   ②今   ③里   ④重

27. 다음 중 "春"자와 뜻이 상대되는 한자는?(   )
①長   ②秋   ③國   ④來

※ **다음 한자어의 독음이 바른 것을 고르시오.**

28. 讀會 (　　　) ①독회 ②독해 ③매회 ④모집

29. 和親 (　　　) ①화구 ②온화 ③양친 ④화친

30. 竹刀 (　　　) ①죽력 ②죽도 ③죽립 ④사도

31. 敎示 (　　　) ①훈시 ②시사 ③교시 ④돈시

32. 社友 (　　　) ①사교 ②사우 ③교우 ④시우

33. 太祖 (　　　) ①태조 ②대조 ③조조 ④태양

34. 英詩 (　　　) ①영어 ②영화 ③영문 ④영시

35. 小計 (　　　) ①수계 ②누계 ③소계 ④시계

※ **다음 한자어의 뜻으로 알맞은 것을 고르시오.**

36. 放水 (　　　)

①물이 흘러가는 방향

②새는 물을 막음

③물을 흘려보냄

④논에 물을 댐

37. 事育 (　　　)

①동물을 맡아 돌봄

②열심히 일함

③학생들을 지도하는 일

④어버이를 섬기고 자식을 낳아 기름

※ **다음 낱말을 한자로 바르게 쓴 것을 고르시오.**

38. 원수(한 나라의 최고 통치권을 가진 사람)
　　　　　　　　　　　　　　　　(　　　　)
①元水　　②元首　　③遠水　　④遠首

39. 반기(조의를 나타내기 위하여 다는 국기)
　　　　　　　　　　　　　　　　(　　　　)
①班氣　　②半氣　　③班旗　　④半旗

※ **다음 밑줄 친 한자어의 독음으로 바른 것을 고르시오.**

40. 꽃밭에 예쁜 花草들이 활짝 피어 있다.
　　　　　　　　　　　　　　　　(　　　　)
①식물　　②나무　　③약초　　④화초

41. 이번 일은 회사의 死活이 걸린 문제다.
　　　　　　　　　　　　　　　　(　　　　)
①사활　　②사할　　③목숨　　④존망

42. 나의 내신 等位가 어느 정도일까 궁금하다.
　　　　　　　　　　　　　　　　(　　　　)
①등수　　②등위　　③등급　　④동위

※ **다음 밑줄 친 낱말을 한자로 바르게 쓴 것을 고르시오.**

43. 구민들의 단합을 위하여 이번 행사를 마련했다.
　　　　　　　　　　　　　　　　(　　　　)
①區米　　②九米　　③區民　　④九民

44. 선생님과 학생들간의 진솔한 대화가 오고갔다.
　　　　　　　　　　　　　　　　(　　　　)
①大火　　②大話　　③對火　　④對話

45. "名目"과 비슷한 뜻의 한자어는?   (   )

　①名分　　　②名家　　　③名門　　　④名文

46. "午前"과 반대되는 뜻의 한자어는?   (   )

　①正午　　　②子正　　　③上午　　　④午後

47. 다음 중 앞글자가 뒷글자를 꾸며주는 한자어는?

(   )

　①晝夜　　　②牛馬　　　③古書　　　④玉石

48. "不老長生"의 속뜻으로 알맞은 것은?

(   )

　①나이든 사람의 현명한 판단력
　②늙지 않고 오래 삶
　③젊은 사람의 생명력
　④늙은 사람과 젊은 사람

49. 다음 중 우리의 평소 행동으로 바르지 <u>못한</u> 것은?

(   )

　①친구 집에 전화하여 친구 부모님께서 받으시면
　　정중히 자기 소개를 하고 바꿔주기를 기다린다.
　②이웃 어른을 보아도 못 본 척 인사도 없이 지나친다.
　③식당 등 공공장소에서는 다른 사람에게 방해가
　　되지 않도록 한다.
　④버스에서 웃어른께 자리를 양보한다.

50. 다음 중 우리의 전통 놀이가 <u>아닌</u> 것은?

(   )

　①굴렁쇠 굴리기　　　②팽이치기
　③카드놀이　　　　　　④연날리기

※ 다음 한자의 훈음이 바른 것을 고르시오.

1. 每 ( )　①매양 매　②어머니 모
　　　　　③마을 리　④눈 목

2. 首 ( )　①눈 목　②낯 면
　　　　　③머리 수　④피 혈

3. 作 ( )　①대신할 대　②지을 작
　　　　　③살 주　④편할 편

4. 形 ( )　①맏 형　②그림자 영
　　　　　③헤엄칠 영　④모양 형

5. 村 ( )　①마을 촌　②나무 목
　　　　　③마디 촌　④쉴 휴

6. 市 ( )　①때 시　②저자 시
　　　　　③글 시　④보일 시

7. 物 ( )　①소 우　②말 물
　　　　　③고을 동　④물건 물

8. 多 ( )　①바깥 외　②저녁 석
　　　　　③많을 다　④각각 각

9. 食 ( )　①밥 식　②반찬 찬
　　　　　③집 실　④집 가

10. 原 ( )　①으뜸 원　②멀 원
　　　　　③근본 본　④언덕 원

※ 다음 훈음에 맞는 한자를 고르시오.

11. 갈 거 ( )　①内　②去　③外　④位

12. 밝을 명 ( )　①貝　②明　③兄　④音

13. 죽을 사 ( )　①死　②西　③合　④答

14. 풀 초 ( )　①等　②休　③草　④弟

15. 편할 편 ( )　①室　②電　③神　④便

16. 공 공 ( )　①古　②工　③功　④江

17. 걸음 보 ( )　①步　②京　③光　④方

18. 벗 우 ( )　①犬　②米　③央　④友

19. 친할 친 ( )　①農　②親　③短　④對

20. 과목 과 ( )　①今　②末　③科　④班

※ 다음 물음에 알맞은 답을 고르시오.

21. 잘 보이지 않는 저녁(夕)에 자기 이름을 외쳐(口) 상대방에게 자신을 알린다는 뜻의 한자는?

(　　　)

①名　②夕　③各　④石

22. 다음 중 밑줄 친 "車"자의 독음이 <u>다른</u> 것은?

(   )

①馬<u>車</u>　　②人力<u>車</u>　　③下<u>車</u>　　④<u>車</u>主

23. 다음 "六月"의 독음으로 알맞은 것은?

(   )

①육월　　②류월　　③뉴월　　④유월

24. "靑<u>年</u>"에서 밑줄 친 "年"자의 훈음으로 알맞은 것은?

(   )

①해년　　②그럴연　　③나이년　　④끌연

25. "國"자를 자전(옥편)에서 찾을 때의 방법으로 바르지 <u>않은</u> 것은? (   )

①부수로 찾을 때는 "口"부수 8획에서 찾는다.

②자음으로 찾을 때는 "국"음에서 찾는다.

③부수로 찾을 때는 "戈"부수 7획에서 찾는다.

④총획으로 찾을 때는 "11획"에서 찾는다.

26. 다음 중 "社"자와 뜻이 비슷한 한자는?

(   )

①羊　　　②衣　　　③東　　　④會

27. 다음 중 "父"자와 뜻이 상대되는 한자는?

(   )

①母　　　②大　　　③小　　　④太

※ 다음 한자어의 독음이 알맞은 것을 고르시오.

28. 敎育 (   ) ①교육　②유교　③교가　④교실

29. 孝子 (   ) ①노자　②장자　③효행　④효자

30. 交代 (   ) ①우대　②교대　③교칙　④벌칙

31. 頭目 (   ) ①현안　②안목　③두목　④면목

32. 里長 (   ) ①리장　②이장　③이사　④리사

33. 共有 (   ) ①공유　②공동　③동유　④원유

34. 當番 (   ) ①군반　②당반　③군번　④당번

35. 平和 (   ) ①평온　②화평　③평화　④화온

※ 다음 한자어의 뜻으로 알맞은 것을 고르시오.

36. 面前 (   )

①얼굴이 깨끗해야 함

②보고 난 후

③보고 있는 앞

④본 적이 전혀 없음

37. 萬世 (   )

①오랜 세월, 영원한 세월

②많은 사람들이 모임

③세상이 혼란스러움

④오래된 사람

※ 다음 낱말을 한자로 바르게 쓴 것을 고르시오.

38. 성별(남녀 또는 암수의 구별)　(　　　　)

　　①姓別　　②性別　　③姓利　　④性利

39. 영주(한곳에 오래 삶)　　　　(　　　　)

　　①水主　　②永主　　③水住　　④永住

※ 다음 밑줄 친 한자어의 독음으로 바른 것을 고르시오.

40. 유엔의 <u>本部</u>는 뉴욕 맨해튼에 자리하고 있다.

　　　　　　　　　　　　(　　　　)

　　①내부　　②총회　　③지부　　④본부

41. 버스를 타면 <u>老弱者</u>(자)에게 자리를 양보하는
　　아름다운 모습을 자주 볼 수 있다.　(　　　)

　　①노약자　②노동자　③노숙자　④노무자

42. 고위도 지방에서는 여름철에 태양이 지지 않아
　　밤에도 밝게 보이는 <u>白夜</u>현상이 나타난다.

　　　　　　　　　　　　(　　　　)

　　①황사　　②백야　　③적조　　④일조

※ 다음 밑줄 친 낱말을 한자로 바르게 쓴 것을 고르시오.

43. 다음 주에는 베를린 필하모니의 <u>내한</u>공연이 있을
　　예정이다.　　　　　　　(　　　　)

　　①來漢　　②內漢　　③來韓　　④內韓

44. 최근 통신기술의 발전으로 휴대전화 같은 <u>무선</u>기기의
　　사용이 일상화되었다.　　　(　　　　)

　　①有線　　②有先　　③無先　　④無線

※ 다음 물음에 알맞은 답을 고르시오.

45. "意中"과 비슷한 뜻의 한자어는?　(　　　　)

　　①心中　　②年中　　③月中　　④水中

46. "右手"와 반대되는 뜻의 한자어는?　(　　　　)

　　①上手　　②下手　　③左手　　④高手

47. 다음 중 앞글자가 뒷글자를 꾸며주는 한자어는?

　　　　　　　　　　　　(　　　　)

　　①男女　　②名山　　③言語　　④遠近

48. "人山人海"의 속뜻으로 알맞은 것은?

　　　　　　　　　　　　(　　　　)

　　①사람이 헤아릴 수 없이 많이 모임

　　②산에 오른 사람

　　③바다에 나간 사람

　　④사람은 산과 바다를 좋아함

49. 다음 중 부모님께 효도하는 방법으로 바르지 <u>않은</u>
　　것은?　　　　　　　　(　　　　)

　　①부모님의 일을 도와드리려고 노력한다.

　　②귀가시간이 늦어질 경우에는 반드시 연락을 드린다.

　　③부모님께서 출입하실 때에도 내 방에서 공부만 한다.

　　④부모님께서 부르시면 즉시 큰소리로 대답하고
　　　달려가 뵙는다.

50. 다음 중 추석의 다른 명칭이 <u>아닌</u> 것은?

　　　　　　　　　　　　(　　　　)

　　①한가위　②중추절　③가배절　④대보름

4회 심화학습문제

※ 다음 한자의 훈음으로 바른 것을《보기》에서 고르시오.

《 보기 》
①털 모 ②군사군 ③살 활 ④꽃부리영 ⑤기를육
⑥가을추 ⑦기 기 ⑧목숨명 ⑨오를등 ⑩놓을방

1. 軍 (　　　)　2. 毛 (　　　)

3. 育 (　　　)　4. 秋 (　　　)

5. 活 (　　　)　6. 英 (　　　)

7. 旗 (　　　)　8. 放 (　　　)

9. 登 (　　　)　10. 命 (　　　)

※ 다음 훈음에 맞는 한자를《보기》에서 고르시오.

《 보기 》
①會　②漢　③重　④語　⑤祖
⑥時　⑦朝　⑧頭　⑨高　⑩問

11. 때　시 (　　　)　12. 아침　조 (　　　)

13. 할아비 조 (　　　)　14. 모일　회 (　　　)

15. 한수　한 (　　　)　16. 말씀　어 (　　　)

17. 무거울 중 (　　　)　18. 높을　고 (　　　)

19. 머리　두 (　　　)　20. 물을　문 (　　　)

※ 다음 물음에 알맞은 답을 고르시오.

21. 사람(人)의 입에서 나오는 말(言)은 성실해야 하는 데서 "믿다"를 뜻하는 한자는? (　　　)
①言　　②休　　③口　　④信

22. 다음 중 독음이 잘못 읽혀진 것은? (　　　)
①五六日(오뉴일)　　②六月(유월)
③六十(육십)　　④五六月(오뉴월)

23. "靑少年"에서 밑줄 친 "少"자의 올바른 훈음은? (　　　)
①적을소　②젊을소　③약간소　④조금소

24. 다음 중 식물을 나타내는 한자가 아닌 것은? (　　　)
①花　　②草　　③羊　　④竹

25. 다음 중 한자와 그 한자를 쓰는 순서를 설명한 것으로 바르지 않은 것은? (　　　)
①三 : 위에서 아래로 쓴다.
②人 : 삐침(ノ)과 파임(⟍)이 만날 때는 파임을 먼저 쓴다.
③七 : 가로획을 먼저 쓴다.
④道 : 받침(?)은 나중에 쓴다.

26. 다음 중 "便"자와 뜻이 비슷한 한자는? (　　　)
①自　　②力　　③友　　④安

27. 다음 중 "晝"자와 뜻이 상대되는 한자는?
( )
①夜　　　②主　　　③住　　　④夏

※ 다음 한자어의 독음이 바른 것을 고르시오.

28. 直線 ( ) ①직선 ②곡선 ③직천 ④곡사

29. 通話 ( ) ①통설 ②통과 ③통행 ④통화

30. 書記 ( ) ①주기 ②서기 ③화기 ④암기

31. 魚貝 ( ) ①어목 ②안목 ③어패 ④어류

32. 末年 ( ) ①미년 ②말년 ③목련 ④동년

33. 文字 ( ) ①문자 ②민자 ③문서 ④교자

34. 成立 ( ) ①성입 ②창립 ③정립 ④성립

35. 不全 ( ) ①불안 ②불전 ③부전 ④부금

※ 다음 한자어의 뜻으로 알맞는 것을 고르시오.

36. 民意 ( )
①백성들의 의사가 반영 안됨
②의지가 강한 사람
③신하는 의리가 있어야 함
④국민의 의사

37. 合班 ( )
①급히 반을 편성함
②쪼개어 놓은 옥을 다시 붙임
③둘 이상의 학급을 반으로 나눔
④둘 이상의 학급을 합침, 또는 그 합친 반

※ 다음 낱말을 한자로 바르게 쓴 것을 고르시오.

38. 강성(물질의 강력한 성질) ( )
①强姓　　②强性　　③江姓　　④江性

39. 이용(물건을 이롭게 쓰거나 쓸모있게 씀)
( )
①理用　　②里用　　③耳用　　④利用

※ 다음 밑줄 친 한자어의 독음으로 바른 것을 고르시오.

40. 그녀의 音色은 청아하고 부드럽다. ( )
①음파　　②음성　　③화색　　④음색

41. 잘못을 面前에서 크게 꾸짖었다. ( )
①면전　　②안면　　③전면　　④양면

42. 예금한 돈을 찾으러 銀行에 갔다. ( )
①농협　　②은행　　③수협　　④축협

※ 다음 밑줄 친 낱말을 한자로 바르게 쓴 것을 고르시오.

43. 상쾌한 아침 공기를 마시며 산책을 했다.
( )
①工氣　　②共氣　　③空氣　　④功氣

44. 수학경시대회는 각급 상위 5% 이내의 사람만 응시할 수 있다. ( )
①土位　　②士位　　③下位　　④上位

45. "名門"과 비슷한 뜻의 한자어는?　(　　　　　)

①名目　　　②名分　　　③名家　　　④名答

46. "男子"와 반대되는 뜻의 한자어는? (　　　　　)

①弱子　　　②女子　　　③母子　　　④孝子

47. 다음 중 앞글자가 뒷글자를 꾸며주는 한자어는?

(　　　　　)

①老木　　　②東西　　　③兄弟　　　④遠近

48. "樂山樂水"의 속뜻으로 알맞은 것은? (　　　　　)

①나라를 사랑함

②자연을 사랑함

③산과 강에서 놂

④풍요로운 세월

49. 다음 중 우리 조상들이 남긴 문화유산을 대하는 태도로 바르지 <u>않은</u> 것은?　(　　　　　)

①소중하게 다룬다.

②담겨진 정신을 배운다.

③보이지 않는데 숨긴다.

④후손에게 잘 물려준다.

50. 다음 중 한자문화권에 속하지 <u>않은</u> 나라는?

(　　　　　)

①홍콩　　②베트남　　③일본　　④페루

※ 다음 한자의 훈음이 바른 것을 고르시오.

1. 間 (　　) ①들을 문 ②물을 문 ③사이 간 ④문 문

2. 林 (　　) ①나무 목 ②수풀 림 ③쉴 휴 ④마을 촌

3. 小 (　　) ①물 수 ②작을 소 ③마디 촌 ④길 영

4. 音 (　　) ①고을 읍 ②빛 색 ③빌 공 ④소리 음

5. 神 (　　) ①귀신 신 ②몸 신 ③믿을 신 ④새로울 신

6. 共 (　　) ①빌 공 ②함께 공 ③장인 공 ④공 공

7. 英 (　　) ①비칠 영 ②영화 영 ③경영할 영 ④꽃부리 영

8. 刀 (　　) ①힘 력 ②소 우 ③칼 도 ④수건 건

9. 元 (　　) ①으뜸 원 ②임금 왕 ③구슬 옥 ④옷 의

10. 安 (　　) ①가운데 앙 ②집 실 ③글자 자 ④편안할 안

※ 다음 훈음에 맞는 한자를 고르시오.

11. 약할 약 (　　) ①强 ②北 ③弱 ④科

12. 걸음 보 (　　) ①衣 ②步 ③去 ④末

13. 뒤 후 (　　) ①後 ②草 ③頭 ④村

14. 있을 유 (　　) ①月 ②肉 ③有 ④牛

15. 거느릴부 (　　) ①央 ②邑 ③旗 ④部

16. 가르칠교 (　　) ①夫 ②韓 ③敎 ④交

17. 밥 식 (　　) ①食 ②東 ③近 ④外

18. 긴 장 (　　) ①親 ②社 ③血 ④長

19. 근본 원 (　　) ①原 ②信 ③電 ④南

20. 서울 경 (　　) ①短 ②空 ③米 ④京

※ 다음 물음에 알맞은 답을 고르시오.

21. "사람인"에 "나무목"을 합친 자로 "쉰다"는 뜻의 한자는? (　　)

①住 ②來 ③位 ④休

22. 다음 중 신체를 표현하는 한자가 <u>아닌</u> 것은?

( )

①耳　　　②口　　　③魚　　　④目

23. 다음 중 밑줄 친 "力"자의 독음이 <u>다른</u> 것은?

( )

①水<u>力</u>　　②<u>力</u>士　　③馬<u>力</u>　　④重<u>力</u>

24. 다음 중 밑줄 친 "少"자의 훈(뜻)이 <u>다른</u> 것은?

( )

①多<u>少</u>　②<u>少</u>年　③<u>少</u>女　④青<u>少</u>年

25. "遠"자를 자전(옥편)에서 찾을 때의 방법으로 바르지 <u>않은</u> 것은? ( )

①부수로 찾을 때는 "辶"부수 9획에서 찾는다.

②자음으로 찾을 때는 "원"음에서 찾는다.

③부수로 찾을 때는 "辶"부수 10획에서 찾는다.

④총획으로 찾을 때는 "14획"에서 찾는다.

26. 다음 중 "文"자와 뜻이 비슷한 한자는?

( )

①石　　　②示　　　③言　　　④詩

27. 다음 중 "問"자와 뜻이 상대되는 한자는?

( )

①萬　　　②門　　　③答　　　④才

※ 다음 한자어의 독음이 바른 것을 고르시오.

28. 洞里 ( ) ①동리 ②동야 ③마을 ④도릉

29. 市場 ( ) ①폐장 ②시양 ③폐양 ④시장

30. 午前 ( ) ①오후 ②우전 ③오전 ④우후

31. 自意 ( ) ①자식 ②자의 ③목적 ④목의

32. 朝夕 ( ) ①조석 ②주석 ③조외 ④주외

33. 太祖 ( ) ①대조 ②선조 ③후조 ④태조

34. 孝道 ( ) ①효행 ②선행 ③효도 ④노도

35. 貝物 ( ) ①목물 ②패물 ③현물 ④견물

※ 다음 한자어의 뜻으로 알맞은 것을 고르시오.

36. 人中 ( )

① 사람의 몸통

② 눈썹과 눈썹 사이

③ 사람의 얼굴

④ 코와 윗입술 사이에 우묵하게 골이 진 부분

37. 子弟 ( )

① 남의 집 아들을 높여 일컬음

② 그 사람 자신

③ 활동이 적은 사람

④ 나이가 많은 사람

38. 대지(대자연의 넓고 큰 땅)　　　（　　　）

①對地　　②大地　　③代地　　④天地

39. 백년(오랜 세월, 한 평생)　　　（　　　）

①白年　　②千年　　③百年　　④一年

※ 다음 밑줄 친 한자어의 독음으로 바른 것을
　고르시오.

40. 우리는 공과 사를 區分할 줄 알아야 한다.

（　　　）

①차별　　②구분　　③약분　　④분별

41. 비 때문에 운동회를 室內체육관에서 하기로 했다.

（　　　）

①내실　　②가내　　③군내　　④실내

42. 저희 할아버지의 春秋는 일흔이십니다.

（　　　）

①춘추　　②연세　　③나이　　④연령

※ 다음 밑줄 친 낱말을 한자로 바르게 쓴 것을
　고르시오.

43. 화급을 다투는 여러 가지 문제들이 발생했다.

（　　　）

①和急　　②花急　　③火急　　④話急

44. 흥부의 아내가 가난한 집안 형편을 탄식했다.

（　　　）

①兄便　　②形便　　③兄平　　④形平

※ 다음 물음에 알맞은 답을 고르시오.

45. "正字"와 비슷한 뜻의 한자어는?　（　　　）

①文字　　②本字　　③八字　　④日字

46. "出金"과 반대되는 뜻의 한자어는? （　　　）

①入金　　②先金　　③白金　　④年金

47. 다음 중 앞글자가 뒷글자를 꾸며주는 한자어는?

（　　　）

①父母　　②江山　　③古木　　④左右

48. "明明白白"의 속뜻으로 알맞은 것은?

（　　　）

①밝은 대낮　　　　②아주 분명함

③숨은 속뜻　　　　④이치에 맞지 않음

49. 다음 중 우리의 평소 행동으로 바르지 못한 것은?

（　　　）

①자기 주장만이 옳다고 고집을 부린다.

②전화통화는 용건을 미리 정리해 짧게 통화한다.

③친한 친구사이라도 거친 말보다는 고운 말을 쓰도록
　한다.

④문을 열고 닫을 때에는 가능한 한 큰 소리나지
　않게 여닫는다.

50. 다음 중 우리의 고유 명절이 아닌 것은?

（　　　）

①칠석　　②단오　　③백중　　④화이트데이

1획

一 한 일
丨 뚫을 곤
丶 별똥,점 주[점]
丿 삐침 별[삐침]
乙 새 을(乚)
[새을방]
亅 갈고리 궐

2획

二 두 이
亠 머리부분 두
[돼지해(亥)머리]
人 사람 인(亻)
[사람인변]
儿 ①어진사람인
②걷는사람인
入 들 입
八 여덟 팔
冂 멀 경
冖 덮을 멱{冪}
[민갓머리]
冫 얼음 빙{氷,冰}
[이수변]
几 안석, 책상궤
凵 입벌릴 감
[위튼입구몸]
刀 칼 도(刂)
[칼도방]
力 힘 력
勹 쌀 포{包}
匕 비수 비
匚 상자 방
[옆튼입구몸]
匸 감출 혜
[튼에운담]
十 열 십
卜 점 복

卩 병부 절(㔾)
厂 ①굴바위 엄
②언덕 한
[민엄호]
厶 사사 사
[마늘모]
又 또 우

3획

口 입 구
囗 에울 위
[큰입구몸]
土 흙 토
士 선비 사
夂 뒤져올 치
夊 천천히걸을쇠
夕 저녁 석
大 큰 대
女 여자 녀
子 아들 자
宀 집 면
[갓머리]
寸 마디 촌
小 작을 소
尢 절름발이 왕(尣,尤)
尸 주검 시{屍}
屮 싹날 철
[왼손좌(屮)]
山 메,뫼 산
川 내 천{巛}
[개미허리]
工 장인 공
己 몸 기
巾 수건 건
干 방패 간
幺 작을 요
广 집 엄
[엄호]

廴 길게걸을 인
[민책받침]
廾 들,손맞잡을공
[스물입발]
弋 주살 익
弓 활 궁
彐 돼지머리 계(彑,크)
[튼가로왈]
彡 터럭 삼
[삐친석삼]
彳 자축거릴 척
[두인변]

4획

心 마음 심(忄,㣺)
[심방변, 마음심발]
戈 창 과
戶 지게문 호
手 손 수(扌)
[손수변, 재방변]
支 지탱할 지
攴 칠 복(攵)
[등글월문]
文 글월 문
斗 말 두
斤 도끼,무게근
方 모 방
无 없을 무(旡)
[이미기(旣)방]
日 날,해 일
曰 가로 왈
月 달 월
木 나무 목
欠 하품 흠
止 그칠 지
歹 앙상한뼈 알(歺)
[죽을사(死)변]
殳 몽둥이 수
[갖은등글월문]

毋 말 무
比 견줄 비
毛 털 모
氏 성씨, 각씨 시
气 기운 기{氣}
水 물 수(氵,氺)
[삼수변, 물수발]
火 불 화(灬)
[연화발]
爪 손톱 조(爫)
父 아비 부
爻 점괘 효
爿 조각 장
[장수장(將)변]
片 조각 편
牙 어금니 아
牛 소 우(牜)
犬 개 견(犭)
[개사슴록변]

5획

玄 검을 현
玉 구슬 옥(王)
瓜 오이 과
瓦 기와 와
甘 달 감
生 날 생
用 쓸 용
田 밭 전
疋 ①발 소
②필 필
疒 병들 녁
[병질엄]
癶 걸음 발
[필발(發)머리]
白 흰 백
皮 가죽 피
皿 그릇 명

部首 214字와 部首訓音 一覽表

目 눈 목(罒)
矛 창 모
矢 화살 시
石 돌 석
示 보일 시(礻)
內 짐승발자국 유
禾 벼 화
穴 구멍 혈(穴)
立 설 립

6획

竹 대 죽(⺮)
[대죽머리]
米 쌀 미
糸 실 사{絲}
缶 장군 부
网 그물망(罒, 罓){網}
羊 양 양(⺶)
羽 깃 우
老 늙을 로(耂)
[늙을로엄]
而 말이을 이
耒 쟁기,가래뢰
耳 귀 이
聿 붓,오직 율
肉 고기 육(月)
[육달월]
臣 신하 신
自 스스로 자
至 이를 지
臼 절구 구(臼)
舌 혀 설
舛 어그러질 천
舟 배 주
艮 머무를,그칠간
色 빛 색
艸 풀 초(艹, 艹)
[초(草)두,풀초머리]

虍 범 호{虎}
[범호엄]
虫 벌레 충{蟲},훼
血 피 혈
行 다닐 행
衣 옷 의(衤)
襾 덮을 아(襾)

7획

見 볼 견
角 뿔 각
言 말씀 언
谷 골 곡
豆 콩,제기 두
豕 돼지 시
豸 ①벌레 치
②해태 태
[갖은돼지시변]
貝 조개 패
赤 붉을 적
走 달릴 주
足 발 족(⻊)
身 몸 신
車 수레 거(차)
辛 매울 신
辰 별 진
  날 신
辵 쉬엄쉬엄갈 착(辶)
[책받침]
邑 고을 읍(阝)
[우부방]
酉 닭,술병 유
釆 분별할 변
里 마을 리

8획

金 쇠 금
長 긴,어른 장(镸)

門 문 문
阜 언덕 부(阝)
[좌부변]
隶 미칠 이
隹 새 추
雨 비 우
靑 푸를 청
非 아닐 비

9획

面 얼굴 면
革 가죽 혁
韋 다룸가죽 위
韭 부추 구
音 소리 음
頁 머리 혈
風 바람 풍
飛 날 비
食 밥 식(食,饣)
首 머리 수
香 향기 향

10획

馬 말 마
骨 뼈 골
高 높을 고
髟 머리털늘어질 표
[터럭발(髮)머리]
鬥 싸울 투{鬪}
鬯 술,활집 창
鬲 ①오지병 격
②솥 력
鬼 귀신 귀

11획

魚 물고기 어
鳥 새 조

鹵 소금밭 로
鹿 사슴 록
麥 보리 맥
麻 삼 마

12획

黃 누를 황
黍 기장 서
黑 검을 흑
黹 바느질할 치

13획

黽 ①맹꽁이 맹<黾>
②힘쓸 민
鼎 솥 정
鼓 북 고
鼠 쥐 서

14획

鼻 코 비
齊 가지런할 제

15획

齒 이 치

16획

龍 용 룡<竜>
龜 ①거북 귀<亀>
②나라이름구
③터질 균

17획

龠 피리 약

※ ( ) 부수 변형자
※ [ ] 부수 명칭
※ { } 본자
※ < > 약자

※ 한자의 훈음으로 바른 것을 고르시오.

1. 各 (　　) 　①과목　과　　②기　　기
　　　　　　　　③빛　　광　　④각각·각

2. 米 (　　) 　①농사　농　　②일만　만
　　　　　　　　③학교　교　　④쌀　　미

3. 多 (　　) 　①대답할 대　②많을　다
　　　　　　　　③대답　답　　④겨울　동

4. 成 (　　) 　①이룰　성　　②심을　식
　　　　　　　　③멀　　원　　④통할　통

5. 語 (　　) 　①낮　　오　　②먹을　식
　　　　　　　　③말씀　어　　④말씀　언

6. 作 (　　) 　①꽃　　화　　②옷　　의
　　　　　　　　③지을　작　　④성씨　성

7. 意 (　　) 　①화할　화　　②한가지 동
　　　　　　　　③근본　본　　④뜻　　의

8. 首 (　　) 　①때　　시　　②머리　수
　　　　　　　　③보일　시　　④피　　혈

9. 當 (　　) 　①나눌　반　　②마당　장
　　　　　　　　③성품　성　　④마땅할 당

10. 軍 (　　) 　①군사　군　　②밭　　전
　　　　　　　　③지아비 부　　④일천　천

※ 훈음에 맞는 한자를 고르시오.

11. 효도　효 (　　) ①漢 ②黃 ③老 ④孝

12. 사이　간 (　　) ①間 ②問 ③聞 ④門

13. 다스릴 리 (　　) ①利 ②弟 ③理 ④貝

14. 차례　번 (　　) ①番 ②放 ③村 ④耳

15. 온전할 전 (　　) ①前 ②央 ③命 ④全

16. 글　　시 (　　) ①新 ②行 ③詩 ④士

17. 기를　육 (　　) ①育 ②五 ③肉 ④明

18. 벗　　우 (　　) ①永 ②友 ③晝 ④犬

19. 가까울 근 (　　) ①巾 ②近 ③不 ④通

20. 없을　무 (　　) ①牛 ②無 ③形 ④魚

※ 물음에 알맞은 답을 고르시오.

21. "사람 인"에 "나무 목"을 합친 자로 '쉬다'는 뜻의
　　한자는?　　　　　　　　　　(　　　　)

　　①木　　②男　　③植　　④休

22. 밑줄 친 "十"의 독음이 다른 것은? (   )

①十月   ②十萬   ③二十   ④十日

23. '百'을(를) 자전에서 찾을 때의 방법으로 바르지 않은 것은? (   )

①부수로 찾을 때는 '一'부수 5획에서 찾는다.

②자음으로 찾을 때는 '백'음에서 찾는다.

③부수로 찾을 때는 '白' 부수 1획에서 찾는다.

④총획으로 찾을 때는 '6획'에서 찾는다.

24. 밑줄 친 부분에 해당하는 한자가 잘못 쓰인 것은?

(   )

①새로운 친구를 많이 사귀었다. : 交

②할머니께서 사시는 마을은 조그마한 곳이다. : 寸

③올해는 유달리 더운 여름이 될 거라고 하였다. : 夏

④약속은 중요해서 꼭 지키도록 해야 한다. : 重

25. '先'의 반의자는? (   )

①東   ②江   ③足   ④後

26. '家'의 유의자는? (   )

①室   ②央   ③字   ④五

27. "□光石火"에서 □안에 들어갈 한자는?

(   )

①田   ②電   ③山   ④耳

※ 어휘의 독음이 바른 것을 고르시오.

28. 死色 (   ) ①사활 ②살색 ③시읍 ④사색

29. 英才 (   ) ①양촌 ②양재 ③영재 ④영수

30. 竹刀 (   ) ①죽력 ②사도 ③죽림 ④죽도

31. 車道 (   ) ①차도 ②만도 ③군도 ④민도

32. 頭部 (   ) ①부수 ②두목 ③두부 ④부두

33. 海里 (   ) ①매리 ②도리 ③해리 ④해수

34. 高等 (   ) ①고중 ②고등 ③육중 ④육등

35. 農土 (   ) ①농사 ②농부 ③황토 ④농토

※ 어휘의 뜻으로 알맞은 것을 고르시오.

36. 合班 (   )

①두 학급 이상을 합침.   ②둘 이상이 함께 일함.

③조개밥.   ④둘로 똑같이 나눈 것.

37. 母校 (   )

①어머니가 학교에 다님.   ②학교에 들어감.

③자기가 다니거나 졸업한 학교.

④어머니와 함께 다니던 학교.

38. 동장: 한 동네의 우두머리. (   )

①洞長   ②洞場   ③同場   ④同長

39. 대지: 대자연의 넓고 큰 땅. (   )

①天地   ②大地   ③對地   ④冬地

40. 지원서에 이름, 나이, 현주소 등을 <u>記入</u>했다.

(   )

①일인   ②등재   ③기입   ④기록

41. <u>民話</u>에는 서민의 의식이 반영되어 있다.

(   )

①인화   ②동화   ③언어   ④민화

42. <u>讀書</u>는 간접 경험의 가장 좋은 방법이다.

(   )

①문서   ②독회   ③독서   ④언서

43. 그녀의 꿈은 훌륭한 <u>가수</u>가 되는 것이다.

(   )

①歌手   ②旗手   ③左手   ④右手

44. 고개를 넘자 그의 눈앞에는 드넓은 <u>평원</u>이 펼쳐졌다.

(   )

①午遠   ②午原   ③平遠   ④平原

45. 앞 글자가 뒤 글자를 꾸며주는 어휘가 <u>아닌</u> 것은?

(   )

①火力   ②兄夫   ③人性   ④本末

46. '來年'의 반의어는? (   )

①去年   ②千年   ③主年   ④年年

47. '方今'의 유의어는? (   )

①今方   ②方方   ③西方   ④向方

48. "自問自答"의 뜻이 문장에서 가장 알맞게 쓰인 것은? (   )

①읽은 책에 대해서 혼자 自問自答해 보았다.

②오랜만에 만난 그와 自問自答했다.

③극히 짧은 순간을 自問自答이라 한다.

④自問自答은 자기 혼자 힘으로 한 살림을 이룩함을 이르는 말이다.

49. 우리의 전통 놀이가 <u>아닌</u> 것은? (   )

①다트놀이   ②연날리기   ③그네뛰기   ④숨바꼭질

50. 한자와 그 쓰는 순서를 설명한 것으로 바르지 <u>않은</u> 것은? (   )

①小 : 가운데를 먼저 쓴다.

②女 : 가로획을 먼저 쓴다.

③三 : 위에서 아래로 쓴다.

④川 : 왼쪽에서 오른쪽으로 쓴다.

※ 한자의 훈음으로 바른 것을 고르시오.

1. 交 (　　) 　①학교　교　　②머리　수
　　　　　　　③살　주　　　④사귈　교

2. 信 (　　) 　①귀신　신　　②믿을　신
　　　　　　　③편안할　안　　④말씀　언

3. 時 (　　) 　①대답할　대　②쓸　용
　　　　　　　③때　시　　　　④마땅할　당

4. 科 (　　) 　①과목　과　　②밤　야
　　　　　　　③쌀　미　　　　④할아비　조

5. 理 (　　) 　①마을　리　　②다스릴　리
　　　　　　　③마을　촌　　　④마당　장

6. 急 (　　) 　①기운　기　　②짧을　단
　　　　　　　③급할　급　　　④겨울　동

7. 班 (　　) 　①나눌　반　　②지아비　부
　　　　　　　③온전할　전　④으뜸　원

8. 每 (　　) 　①물을　문　　②집　실
　　　　　　　③꽃부리　영　④매양　매

9. 來 (　　) 　①이로울　리　②올　래
　　　　　　　③보일　시　　　④새로울　신

10. 竹 (　　) 　①열　개　　　②벗　우
　　　　　　　③대　죽　　　　④고기　육

※ 훈음에 맞는 한자를 고르시오.

11. 볼　견 (　　) 　①示　②元　③貝　④見

12. 갈　거 (　　) 　①去　②詩　③夜　④言

13. 빛　색 (　　) 　①首　②色　③室　④英

14. 줄　선 (　　) 　①育　②電　③前　④線

15. 화할　화 (　　) ①老　②住　③話　④和

16. 읽을　독 (　　) ①番　②聞　③意　④讀

17. 걸음　보 (　　) ①朝　②步　③夏　④位

18. 평평할 평 (　　) ①半　②安　③平　④全

19. 풀　초 (　　) 　①花　②歌　③草　④田

20. 기　기 (　　) 　①旗　②場　③央　④己

※ 물음에 알맞은 답을 고르시오.

21. '칼의 모양'을 본떠 만든 한자는?

　　　　　　　　　　　　(　　　)

①刀　　②用　　③力　　④巾

22. "靑年"에서 밑줄 친 '年'의 훈음으로 알맞은 것은?

( )

①해 년   ②그럴 연   ③나이 년   ④끌 연

23. '休'을(를) 자전에서 찾을 때의 방법으로 바르지 <u>않은</u> 것은?   ( )

①부수로 찾을 때는 '木' 부수 2획에서 찾는다.

②자음으로 찾을 때는 '휴'음에서 찾는다.

③부수로 찾을 때는 '人'부수 4획에서 찾는다.

④총획으로 찾을 때는 '6획'에서 찾는다.

24. 밑줄 친 부분에 해당하는 한자가 <u>잘못</u> 쓰인 것은?

( )

①그는 근본이 좋은 사람이다. : 本

②풀잎에 구슬 같은 이슬방울이 맺혀 있다. : 玉

③축구공을 발로 차다. : 足

④상처가 깊어 피가 그치지 않는다. : 血

25. '南'의 반의자는?   ( )

①東   ②西   ③四   ④北

26. '永'의 유의자는?   ( )

①遠   ②老   ③半   ④番

27. "白面□生"에서 □안에 들어갈 한자는? ( )

①樂   ②末   ③書   ④米

※ **어휘의 독음이 바른 것을 고르시오.**

28. 死地 ( )   ①석지   ②사지   ③석토   ④사토

29. 秋夕 ( )   ①화석   ②화일   ③추석   ④추일

30. 字形 ( )   ①자성   ②우성   ③자영   ④자형

31. 別命 ( )   ①단명   ②별명   ③도명   ④운명

32. 間食 ( )   ①야식   ②일식   ③후식   ④간식

33. 海外 ( )   ①회외   ②매외   ③해석   ④해외

34. 漢江 ( )   ①한공   ②한강   ③항공   ④탄강

35. 敎主 ( )   ①교주   ②훈주   ③혼주   ④교시

※ **어휘의 뜻으로 알맞은 것을 고르시오.**

36. 人中 ( )

①사람의 몸통.   ②눈썹과 눈썹 사이.

③사람의 얼굴.

④코와 윗입술 사이에 오목하게 골이 진 곳.

37. 共有 ( )

①공중과 지상.   ②국가의 소유.

③아무것도 없이 비어 있음.

④두 사람 이상이 한 물건을 공동으로 소유함.

※ 낱말을 한자로 바르게 쓴 것을 고르시오.

38. 일기: 날마다 그날그날 겪은 일이나 생각, 느낌 따위를 적는 개인의 기록.　　　（　　　）

　①日記　　②一氣　　③日氣　　④一記

39. 부문: 일정한 기준에 따라 분류하거나 나누어 놓은 낱낱의 범위나 부분.　　　（　　　）

　①部問　　②音門　　③音問　　④部門

※ 밑줄 친 어휘의 알맞은 독음을 고르시오.

40. 이 <u>植物</u>은(는) 이른봄에 싹이 튼다.

　　　　　　　　　　　　　（　　　）

　①물주　　②식물　　③직물　　④식목

41. 그는 대학교에서 <u>學生</u>들에게 역사를 강의한다.

　　　　　　　　　　　　　（　　　）

　①학도　　②학우　　③학생　　④교생

42. 아침에 맑던 하늘이 <u>午後</u>이(가) 되면서 흐려졌다.

　　　　　　　　　　　　　（　　　）

　①오준　　②오후　　③우후　　④우준

※ 밑줄 친 부분을 한자로 바르게 쓴 것을 고르시오.

43. 정부는 <u>시민</u>들의 의견을 적극 반영하는 정책을 펴야한다.　　　（　　　）

　①巾内　　②巾民　　③市民　　④市内

44. 삼촌께서 사주신 세계<u>명작</u>동화를 읽었다.

　　　　　　　　　　　　　（　　　）

　①各作　　②夕作　　③名作　　④冬作

※ 물음에 알맞은 답을 고르시오.

45. 유의자로 이루어진 어휘는?

　　　　　　　　　　　　　（　　　）

　①父母　　②明白　　③左右　　④强弱

46. '高手'의 유의어는?

　　　　　　　　　　　　　（　　　）

　①英手　　②中手　　③上手　　④先手

47. '入力'의 반의어는?

　　　　　　　　　　　　　（　　　）

　①馬力　　②力士　　③力入　　④出力

48. "東西古今"의 속뜻으로 알맞은 것은?

　　　　　　　　　　　　　（　　　）

　①고향과 타향.　　　②동·서양과 예와 지금.

　③서양문화와 동양문화.　　④먼 옛날.

49. 우리의 민속 명절이 <u>아닌</u> 것은?

　　　　　　　　　　　　　（　　　）

　①성탄절　　②대보름　　③단오　　④한식

50. 우리의 평소 행동으로 바르지 <u>못한</u> 것은?

　　　　　　　　　　　　　（　　　）

　①친구들과 사이좋게 지낸다.

　②웃어른을 공경하며 인사를 잘 한다.

　③외출 할 때는 부모님께 꼭 알린다.

　④먹을 것이 생기면 욕심내어 많이 먹으려 한다.

※ 한자의 훈음으로 바른 것을 고르시오.

1. 線 (　) ①무리 등 ②곧을 직
　　　　　　③줄 선 ④물을 문

2. 邑 (　) ①고을 동 ②집 실
　　　　　　③고을 읍 ④세상 세

3. 詩 (　) ①셀 계 ②일 사
　　　　　　③글 시 ④성씨 성

4. 朝 (　) ①오를 등 ②귀신 신
　　　　　　③아침 조 ④일만 만

5. 英 (　) ①아니 불 ②꽃부리 영
　　　　　　③가까울 근 ④임금 왕

6. 敎 (　) ①집 가 ②나눌 분
　　　　　　③가르칠 교 ④쉴 휴

7. 共 (　) ①함께 공 ②머리 두
　　　　　　③볼 견 ④한가지 동

8. 所 (　) ①갈 거 ②바 소
　　　　　　③강할 강 ④멀 원

9. 番 (　) ①온전할 전 ②무거울 중
　　　　　　③차례 번 ④먼저 선

10. 示 (　) ①물 수 ②주인 주
　　　　　　③보일 시 ④기운 기

※ 훈음에 맞는 한자를 고르시오.

11. 믿을 신 (　) ①見 ②直 ③信 ④己

12. 나눌 구 (　) ①區 ②班 ③竹 ④内

13. 조개 패 (　) ①前 ②安 ③貝 ④自

14. 약할 약 (　) ①弱 ②方 ③步 ④强

15. 통할 통 (　) ①等 ②全 ③通 ④光

16. 한수 한 (　) ①家 ②漢 ③萬 ④老

17. 지을 작 (　) ①計 ②作 ③登 ④室

18. 각각 각 (　) ①左 ②去 ③右 ④各

19. 마땅할 당 (　) ①當 ②石 ③頭 ④長

20. 다스릴 리 (　) ①牛 ②神 ③今 ④理

※ 물음에 알맞은 답을 고르시오.

21. "입을 벌리고 노래를 부른다"는 데서 '노래하다, 읊조리다'의 뜻을 나타내는 한자는?

　　　　　　　　　　　　　(　)

①成　　②樂　　③歌　　④科

22. 밑줄 친 '力'의 독음이 다른 것은?

(   )

①水力   ②力士   ③馬力   ④重力

23. '對'을(를) 자전에서 찾을 때의 방법으로 바르지 않은 것은? (   )

①부수로 찾을 때는 '土'부수 11획에서 찾는다.

②부수로 찾을 때는 '寸'부수 11획에서 찾는다.

③총획으로 찾을 때는 '14획'에서 찾는다.

④자음으로 찾을 때는 '대'음에서 찾는다.

24. 밑줄 친 부분에 해당하는 한자가 잘못 쓰인 것은?

(   )

①흐르는 땀을 수건으로 닦았다. : 巾

②푸른 하늘에 구름이 한 점도 없다. : 靑

③오늘은 할아버지의 생신이다. : 祖

④내가 서 있는 자리에 볕이 들었다. : 立

25. '老'의 반의자는? (   )

①小   ②毛   ③火   ④少

26. '江'의 유의자는? (   )

①天   ②川   ③金   ④安

27. "□聞□讀"에서 □안에 들어갈 한자는?

(   )

①每   ②目   ③室   ④多

※ **어휘의 독음이 바른 것을 고르시오.**

28. 黃土 (   ) ①광해 ②광사 ③황토 ④황사

29. 海里 (   ) ①매리 ②도리 ③해리 ④해수

30. 女功 (   ) ①녀력 ②여력 ③녀공 ④여공

31. 農夫 (   ) ①전부 ②농민 ③농부 ④진부

32. 百色 (   ) ①일색 ②흰색 ③백색 ④주색

33. 北村 (   ) ①북목 ②비촌 ③북촌 ④비목

34. 孝親 (   ) ①효견 ②노신 ③효친 ④로현

35. 市場 (   ) ①시장 ②거장 ③거당 ④식장

※ **어휘의 뜻으로 알맞은 것을 고르시오.**

36. 民意 (   )

①백성의 의사가 반영이 안 됨.

②신하는 의리가 있어야 함.

③의지가 강한 사람.   ④국민의 의사.

37. 名分 (   )

①성급한 믿음.   ②내세우는 이유나 구실.

③이름이 간단명료함.   ④분명하게 이야기 함.

④두 사람 이상이 한 물건을 공동으로 소유함.

38. 후기: 뒷날의 기록. 덧붙여 기록함.

(   )

①後己   ②後氣   ③後記   ④後代

39. 영주: 한곳에 오래 삶.

(   )

①水主   ②永主   ③水住   ④永住

※ **밑줄 친 어휘의 알맞은 독음을 고르시오.**

40. 이력서에는 연령, 性別, 연락처를 기재해야 한다.

(   )

①성명   ②성분   ③성질   ④성별

41. 제품의 外形으로 볼 때는 별 문제가 없어 보인다.

(   )

①신형   ②내형   ③구형   ④외형

42. 집에 새로 電話을(를) 놓았다.   (   )

①집설   ②전자   ③독해   ④전화

※ **밑줄 친 부분을 한자로 바르게 쓴 것을 고르시오.**

43. 차도로 걸어 다니는 것은 위험한 일이다.

(   )

①車馬   ②車道   ③馬車   ④道車

44. 아침 식사로 빵과 우유를 먹는 사람이 늘고 있다.

(   )

①夕士   ②石事   ③食士   ④食事

※ **물음에 알맞은 답을 고르시오.**

45. 앞 글자가 뒤 글자를 꾸며주는 어휘는?

(   )

①男女   ②西山   ③遠近   ④言語

46. '明年'의 유의어는?   (   )

①同年   ②末年   ③來年   ④今年

47. '上衣'의 반의어는?   (   )

①白衣   ②青衣   ③内衣   ④下衣

48. "不老長生"의 속뜻으로 알맞은 것은?

(   )

①늙지 않고 오래 삶.   ②늙은 사람과 젊은 사람.

③나이든 사람의 현명한 판단력.

④젊은 사람의 생명력.

49. 설날이라 하며 "차례지내기, 떡국 먹기, 세배, 성묘"등이 행해지는 고유 명절은?

(   )

①단오   ②원일   ③추석   ④상원

50. 父母님께 효도하는 방법으로 바르지 않은 것은?

(   )

①자신의 몸을 소중히 여긴다.

②사회에 꼭 필요한 사람이 된다.

③마음가짐을 바르게 한다.

④용돈을 많이 달라고 떼를 쓴다.

※ 한자의 훈음으로 바른 것을 고르시오.

1. 家 (　　) ①집　실　②글자　자
　　　　　　③집　가　④빌　공

2. 强 (　　) ①약할　약　②은　은
　　　　　　③강할　강　④성씨　성

3. 草 (　　) ①풀　초　②즐거울　락
　　　　　　③무리　등　④군사　군

4. 去 (　　) ①주인　주　②평평할　평
　　　　　　③구슬　옥　④갈　거

5. 洞 (　　) ①강　강　②고을　동
　　　　　　③앞　전　④물을　문

6. 老 (　　) ①효도　효　②빛　광
　　　　　　③늙을　로　④아우　제

7. 植 (　　) ①심을　식　②몸　신
　　　　　　③곧을　직　④물건　물

8. 原 (　　) ①급할　급　②언덕　원
　　　　　　③일　사　④긴　장

9. 肉 (　　) ①피　혈　②빛　색
　　　　　　③고기　육　④낯　면

10. 春 (　　) ①차례　번　②머리　수
　　　　　　③봄　춘　④농사　농

※ 훈음에 맞는 한자를 고르시오.

11. 노래　가 (　　) ①步 ②白 ③神 ④歌

12. 공　공 (　　) ①功 ②利 ③時 ④川

13. 가을　추 (　　) ①林 ②放 ③社 ④秋

14. 가까울　근 (　　) ①近 ②竹 ③遠 ④同

15. 벗　우 (　　) ①友 ②女 ③右 ④太

16. 보일　시 (　　) ①位 ②示 ③半 ④左

17. 사귈　교 (　　) ①交 ②父 ③永 ④六

18. 낮　오 (　　) ①午 ②工 ③五 ④刀

19. 무거울　중 (　　) ①理 ②書 ③便 ④重

20. 겨울　동 (　　) ①夬 ②冬 ③末 ④今

※ 물음에 알맞은 답을 고르시오.

21. '밭 전'에 '힘 력'을 합친 자로, 논이나 밭을 가는 사람, 즉 '남자'를 뜻하는 한자는?

(　　)

①里　　②田　　③男　　④百

22. "見本"에서 밑줄 친 '見'의 훈음으로 가장 알맞은 것은? ( )

①뵐 현 ②소개할 현 ③볼 견 ④조개 패

23. '區'을(를) 자전에서 찾을 때의 방법으로 바르지 않은 것은? ( )

①자음으로 찾을 때는 '구'음에서 찾는다.

②부수로 찾을 때는 'ㄷ부수 9획'에서 찾는다.

③총획으로 찾을 때는 '11획'에서 찾는다.

④부수로 찾을 때는 'ㅁ부수 8획'에서 찾는다.

24. 밑줄 친 부분에 해당하는 한자가 잘못 쓰인 것은? ( )

①물음에 대한 답은 크게 말한다. : 答

②할머니는 가까운 동네에 사신다. : 住

③작은 아버지께서는 서울에 사신다. : 衣

④새학기를 맞아 2학년 2반이 되었다. : 班

25. '首'의 유의자는? ( )

①足 ②頭 ③己 ④手

26. '晝'의 반의자는? ( )

①夜 ②時 ③文 ④書

27. "매우 많은 것 가운데 극히 적은 수"를 뜻하는 '九□一毛'에서 □안에 들어갈 알맞은 한자는? ( )

①羊 ②十 ③馬 ④牛

※ 어휘의 독음이 바른 것을 고르시오.

28. 名詩 ( ) ①명론 ②고론 ③명시 ④고시

29. 光線 ( ) ①광선 ②선선 ③광야 ④광사

30. 米作 ( ) ①이작 ②미작 ③이곡 ④미곡

31. 海南 ( ) ①해남 ②해면 ③강남 ④강면

32. 和親 ( ) ①화친 ②화구 ③온화 ④양친

33. 電車 ( ) ①풍차 ②전거 ③중거 ④전차

34. 來月 ( ) ①래월 ②내일 ③내월 ④래목

35. 等高 ( ) ①답고 ②등향 ③답향 ④등고

※ 어휘의 뜻으로 알맞은 것을 고르시오.

36. 多讀 ( )

①물건을 많이 팖. ②글 등을 많이 지음.

③책을 많이 읽음. ④책의 소중함.

37. 內部 ( )

①적어 넣음. ②안과 바깥.

③중요한 자리에 뽑아 씀.

④어떤 조직에 속하는 범위 안.

38. 성별: 남녀 또는 암수의 구별. (   )

①姓別   ②性利   ③姓利   ④性別

39. 선금: 무엇을 사거나 세낼 때에 먼저 치르는 돈. (   )

①千金   ②出金   ③先金   ④大金

40. 내가 좋아하는 科目은(는) 국어와 수학이다. (   )

①조목   ②과목   ③공부   ④학과

41. 우리 조상 중에는 萬石 살림을 꾸리신 분도 계셨다.

(   )

①매단   ②매석   ③만석   ④만단

42. 노사 간의 對立와(과) 갈등이 해소되었다. (   )

①대립   ②양립   ③대결   ④대치

43. 우리나라 민간 신문의 효시는 독립신문이다. (   )

①新問   ②神聞   ③神問   ④新聞

44. 전쟁이 끝나고 학교가 다시 문을 열었다. (   )

①孝校   ②學教   ③孝教   ④學校

45. 앞 글자가 뒤 글자를 꾸며주는 어휘는?

(   )

①本末   ②東西   ③青木   ④兄弟

46. '下山'의 반의어는? (   )

①古山   ②北山   ③登山   ④太山

47. '死力'의 유의어는? (   )

①同力   ②入力   ③中力   ④全力

48. "明明白白"의 속뜻으로 알맞은 것은?

(   )

①밝은 대낮.   ②아주 분명함.

③숨은 속뜻.   ④이치에 맞지 않음.

49. 우리나라의 명절이 아닌 것은?

(   )

①추석   ②한식   ③입춘   ④설날

50. 한자와 그 쓰는 순서를 설명한 것으로 바르지 않은 것은? (   )

①川 : 오른쪽에서 왼쪽으로 쓴다.

②七 : 가로획을 먼저 쓴다.

③小 : 가운데를 먼저 쓴다.

④八 : 삐침(ﾉ)을 먼저 쓴다.

5회 실전대비문제

시험시간 : 40분

점수:

※ **한자의 훈음으로 바른 것을 고르시오.**

1. 安 (   ) ①마당 장   ②글자 자
            ③편안할 안   ④합할 합

2. 線 (   ) ①긴   장   ②멀   원
            ③줄   선   ④오른 우

3. 步 (   ) ①날   출   ②재주 재
            ③귀   이   ④걸음 보

4. 功 (   ) ①칼   도   ②공   공
            ③강   강   ④가까울 근

5. 讀 (   ) ①성품 성   ②끝   말
            ③읽을 독   ④고을 동

6. 全 (   ) ①바를 정   ②온전할 전
            ③밭   전   ④임금 왕

7. 形 (   ) ①여덟 팔   ②바깥 외
            ③모양 형   ④저자 시

8. 育 (   ) ①고기 육   ②아니 불
            ③기를 육   ④매양 매

9. 黃 (   ) ①언덕 원   ②성씨 성
            ③세상 세   ④누를 황

10. 記 (   ) ①죽을 사   ②나눌 분
             ③기록할 기   ④나라이름 한

※ **훈음에 맞는 한자를 고르시오.**

11. 마을 촌 (   ) ①里 ②才 ③村 ④少

12. 대신할 대 (   ) ①衣 ②古 ③央 ④代

13. 이룰 성 (   ) ①成 ②性 ③先 ④色

14. 편할 편 (   ) ①西 ②位 ③便 ④士

15. 곧을 직 (   ) ①直 ②植 ③目 ④身

16. 고을 읍 (   ) ①四 ②北 ③邑 ④事

17. 뒤   후 (   ) ①耳 ②後 ③弟 ④作

18. 차례 번 (   ) ①魚 ②寸 ③番 ④道

19. 효도 효 (   ) ①馬 ②孝 ③短 ④靑

20. 밝을 명 (   ) ①牛 ②示 ③多 ④明

※ **물음에 알맞은 답을 고르시오.**

21. 사물의 모양을 본떠 만든 글자가 <u>아닌</u> 것은?

(   )

①休   ②田   ③足   ④羊

---

22. "봄이 되니 정원에 百花가 만발했다"에서의 '百'의 훈음으로 알맞은 것은? (　　　)

①힘쓸 백　②온갖 백　③백번 백　④길잡이 백

23. '今'을(를) 자전에서 찾을 때의 방법으로 바르지 않은 것은? (　　　)

①자음으로 찾을 때는 '금'음에서 찾는다.
②부수로 찾을 때는 '人'부수 2획에서 찾는다.
③부수로 찾을 때는 '今'부수 0획에서 찾는다.
④총획으로 찾을 때는 '4획'에서 찾는다.

24. 밑줄 친 부분에 해당하는 한자가 잘못 쓰인 것은?

(　　　)

①막대기 끝에 그물을 매달았다. : 夫
②옆집 개의 이름은 바둑이이다. : 犬
③이 방은 옆방과 통한다. : 通
④수건으로 얼굴을 닦다. : 巾

25. '言'의 유의자는? (　　　)
①母　　②長　　③語　　④休

26. '夕'의 반의자는? (　　　)
①朝　　②元　　③多　　④青

27. "□世, □遠, □住"에서 □안에 공통으로 들어 갈 알맞은 한자는? (　　　)
①五　　②東　　③永　　④口

※ 어휘의 독음이 바른 것을 고르시오.

28. 貝物 (　　) ①패물 ②현물 ③견물 ④목물

29. 農民 (　　) ①신간 ②진민 ③농시 ④농민

30. 太祖 (　　) ①태조 ②선조 ③대초 ④후조

31. 南向 (　　) ①남향 ②남동 ③북동 ④북향

32. 放水 (　　) ①방임 ②목수 ③방영 ④방수

33. 夜光 (　　) ①외광 ②외당 ③야광 ④야당

34. 開秋 (　　) ①간추 ②개추 ③개화 ④문화

35. 半音 (　　) ①반음 ②반일 ③반악 ④십음

※ 어휘의 뜻으로 알맞은 것을 고르시오.

36. 無理 (　　　)
①공로가 없음.　②기력이 없음.
③생활 기능이 없는 물체.
④도리나 이치에 맞지 않음.

37. 各別 (　　　)
①각기 다른 이름.　②서로 이름을 부름.
③유달리 특별함.　④서로 보살핌.

38. 천금: 많은 돈이나 비싼 값을 비유적으로 이르 는 말.

(   )

①中金   ②川金   ③千金   ④千今

39. 시급: 시각을 다툴 만큼 몹시 절박하고 급함.

(   )

①市場   ②時急   ③時場   ④市急

※ **밑줄 친 어휘의 알맞은 독음을 고르시오.**

40. 그는 天命을(를) 담담하게 받아들였다.

(   )

①천명   ②천수   ③천령   ④태명

41. 白米와(과) 잡곡을 적절하게 섞어 먹는 게 좋다.

(   )

①백옥   ②백미   ③백광   ④백야

42. 電話을(를) 걸어 부모님의 안부를 물었다.

(   )

①전화   ②전기   ③전설   ④신화

※ **밑줄 친 부분을 한자로 바르게 쓴 것을 고르시오.**

43. 허파에 공동이 생겼다.

(   )

①空東   ②工東   ③空洞   ④工洞

44. 집에 누가 있느냐고 불러도 아무 대답이 없다.

(   )

①大合   ②對答   ③對合   ④大答

※ **물음에 알맞은 답을 고르시오.**

45. '王子'와 같은 짜임이 아닌 것은? (   )

①古字   ②作名   ③車道   ④牛肉

46. '生食'의 반의어는? (   )

①火食   ②小食   ③日食   ④主食

47. '本來'의 유의어는? (   )

①本名   ②本心   ③元來   ④來心

48. "人山人海"의 성어가 문장에서 가장 알맞게 쓰인 것은? (   )

①자연을 사랑하니 人山人海라 한다.

②사람마다 각기 다른 것은 人山人海이기 때문이다.

③순간적인 재빠른 동작이 人山人海였다.

④막바지 여름을 즐기려는 사람들로 해수욕장은

人山人海를 이루었다.

49. "한자를 모아 부수와 획수에 따라 배열하고 그 소리와 뜻 등을 적은 책"의 이름은?

(   )

①영어사전   ②자전(옥편)

③한글사전   ④백과사전

50. 평상시 우리의 행동으로 바르지 않은 것은?

(   )

①이웃의 어른을 보면 공손하게 인사를 드린다.

②외출할 때에는 자신의 행선지를 알린다.

③식사를 할 때는 음식을 골고루 먹는다.

④사고 싶은 물건을 사주지 않을 때는 불평을 한다.

※ 한자의 훈음으로 바른 것을 고르시오.

1. 元 (　　) 　①열　십　②두　이
　　　　　　　　③으뜸　원　④합할　합

2. 前 (　　) 　①앞　전　②푸를　청
　　　　　　　　③뒤　후　④달　월

3. 永 (　　) 　①날　출　②물　수
　　　　　　　　③모　방　④길　영

4. 冬 (　　) 　①가운데　중　②겨울　동
　　　　　　　　③저녁　석　④아홉　구

5. 竹 (　　) 　①메　산　②끝　말
　　　　　　　　③대　죽　④고을　동

6. 銀 (　　) 　①흰　백　②은　은
　　　　　　　　③물건　물　④구슬　옥

7. 孝 (　　) 　①효도　효　②돌　석
　　　　　　　　③꽃　화　④기를　육

8. 科 (　　) 　①가운데　앙　②동녘　동
　　　　　　　　③과목　과　④매양　매

9. 短 (　　) 　①언덕　원　②성씨　성
　　　　　　　　③세상　세　④짧을　단

10. 光 (　　) 　①수레　거　②몸　기
　　　　　　　　③빛　광　④볼　견

※ 훈음에 맞는 한자를 고르시오.

11. 새로울 신 (　　) ①子 ②重 ③新 ④漢

12. 기록할 기 (　　) ①五 ②用 ③出 ④記

13. 쌀　미 (　　) ①米 ②牛 ③木 ④午

14. 읽을　독 (　　) ①共 ②讀 ③土 ④邑

15. 오를　등 (　　) ①面 ②空 ③登 ④先

16. 클　태 (　　) ①西 ②太 ③水 ④央

17. 글　시 (　　) ①敎 ②班 ③詩 ④文

18. 걸음　보 (　　) ①畫 ②步 ③植 ④十

19. 평평할 평 (　　) ①頭 ②平 ③夜 ④川

20. 편안할 안 (　　) ①安 ②意 ③分 ④示

※ 물음에 알맞은 답을 고르시오.

21. "해와 달이 함께 있으니 더욱 밝다"의 뜻을 나타내
　는 한자는?　　　　　　　(　　　　)
　①日　　②耳　　③月　　④明

22. "便衣"에서 밑줄 친 '便'의 훈음으로 알맞은 것은?

(   )

①편할 편   ②편할 변   ③똥오줌 편   ④똥오줌 변

23. '直'을(를) 자전에서 찾을 때의 방법으로 바르지 않은 것은?   (   )

①총획으로 찾을 때는 '8획'에서 찾는다.

②자음으로 찾을 때는 '직'음에서 찾는다.

③부수로 찾을 때는 '目'부수 3획에서 찾는다.

④자음으로 찾을 때는 '식'음에서 찾는다.

24. 밑줄 친 부분에 해당하는 한자가 잘못 쓰인 것은?

(   )

①우리 집은 학교에서 가깝다. : 近

②들판에 곡식이 누렇게 익어가고 있다. : 黃

③건강이 좋지 않아서 잠시 쉬려고 한다. : 休

④이 산은 나무가 무성하다. : 才

25. '肉'의 유의자는?   (   )

①林   ②多   ③身   ④首

26. '古'의 반의자는?   (   )

①今   ②別   ③方   ④八

27. "男女□少"에서 □안에 들어갈 알맞은 한자는?

(   )

①一   ②老   ③魚   ④二

※ 어휘의 독음이 바른 것을 고르시오.

28. 半年 (   ) ①반오 ②절반 ③반의 ④반년

29. 高遠 (   ) ①경원 ②고근 ③고원 ④고도

30. 同等 (   ) ①동등 ②동경 ③비등 ④대등

31. 英主 (   ) ①영왕 ②영주 ③훈주 ④영작

32. 無線 (   ) ①무선 ②무천 ③유천 ④유선

33. 自信 (   ) ①자언 ②자신 ③백신 ④목신

34. 大計 (   ) ①대계 ②요계 ③대개 ④대게

35. 去來 (   ) ①거례 ②거래 ③각래 ④과래

※ 어휘의 뜻으로 알맞은 것을 고르시오.

36. 正書 (   )

①바른 마음.   ②책을 읽고 느낀 감정.

③오후 대낮.   ④글씨를 또박또박 씀.

37. 花田 (   )

①꽃앞.   ②꽃이 피는 풀과 나무.

③꽃밭.   ④논밭을 갊.

38. 조부: 할아버지.   (   )

①朝本   ②祖父   ③祖母   ④朝父

39. 천성: 선천적으로 타고난 성질.

(   )

①天姓   ②百姓   ③天性   ④川性

40. 저희 할머니의 <u>春秋</u>은(는) 일흔이십니다.

(   )

①연세   ②춘화   ③춘추   ④연령

41. <u>死力</u>을(를) 다해 전쟁에서 승리하자.

(   )

①사도   ②사력   ③사활   ④전력

42. 양국이 서로 <u>和親</u>하였다.   (   )

①화친   ②사친   ③화신   ④화해

43. 그는 부드러운 <u>음색</u>을 가졌다.

(   )

①音六   ②音色   ③音問   ④色音

44. 이번 대회에서는 어린 선수들이 <u>상위</u>를 차지했다.   (   )

①士位   ②中位   ③上位   ④下位

45. 비슷한 뜻의 한자로 이루어진 어휘는?

(   )

①文字   ②左右   ③南北   ④南向

46. '外心'의 반의어는?

(   )

①巾心   ②内心   ③犬心   ④内人

47. '名門'의 유의어는?

(   )

①名寸   ②家寸   ③寸門   ④名家

48. "千軍萬馬"의 속뜻으로 알맞은 것은?

(   )

①동물을 사랑함.

②천리 길도 한 걸음부터.

③썩 많은 군사와 말.

④천리 길을 말을 타고 감.

49. 우리 조상들이 남긴 문화유산을 대하는 태도로 바르지 <u>않은</u> 것은?   (   )

①소중하게 다룬다.   ②보이지 않는데 숨긴다.

③담겨진 정신을 배운다.   ④후손에게 잘 물려준다.

50. 한자문화권에 속하지 <u>않은</u> 나라는?

(   )

①중국   ②한국   ③일본   ④러시아

※ **한자의 훈음으로 바른 것을 고르시오.**

1. 時 ( ) ①때 시 ②여섯 륙
③눈 목 ④해 년

2. 軍 ( ) ①수레 거 ②귀 이
③군사 군 ④가운데 중

3. 氣 ( ) ①이룰 성 ②기운 기
③수건 건 ④날 일

4. 登 ( ) ①무리 등 ②온전할 전
③오른 우 ④오를 등

5. 樂 ( ) ①대 죽 ②말 마
③일백 백 ④즐거울 락

6. 來 ( ) ①올 래 ②벗 우
③열 십 ④평평할 평

7. 老 ( ) ①흙 토 ②늙을 로
③사내 남 ④적을 소

8. 民 ( ) ①남녘 남 ②양 양
③백성 민 ④몸 기

9. 社 ( ) ①저녁 석 ②모일 사
③물건 물 ④가운데 앙

10. 韓 ( ) ①나라이름 한 ②서녘 서
③발 족 ④마디 촌

※ **훈음에 맞는 한자를 고르시오.**

11. 낮 오 ( ) ①牛 ②晝 ③火 ④午

12. 높을 고 ( ) ①大 ②高 ③原 ④草

13. 칼 도 ( ) ①口 ②左 ③刀 ④七

14. 함께 공 ( ) ①共 ②千 ③意 ④同

15. 가르칠 교 ( ) ①犬 ②問 ③九 ④敎

16. 누를 황 ( ) ①江 ②先 ③黃 ④靑

17. 으뜸 원 ( ) ①元 ②主 ③水 ④北

18. 마당 장 ( ) ①林 ②場 ③姓 ④功

19. 소리 음 ( ) ①四 ②玉 ③音 ④月

20. 친할 친 ( ) ①親 ②父 ③川 ④行

※ **물음에 알맞은 답을 고르시오.**

21. 나무의 뿌리 부분에 점을 찍어 '뿌리, 곧 근본' 이라
는 뜻을 나타내는 한자는? ( )

①問 ②末 ③本 ④木

22. "고려는 <u>開</u>國후에 도읍을 옮겼다"에서 밑줄 친 '開'의 훈음으로 가장 알맞은 것은? (　　　)

①다시 개　②열 개　③깨우칠 개　④고칠 개

23. '貝'을(를) 자전에서 찾을 때의 방법으로 바르지 <u>않은</u> 것은? (　　　)

①부수로 찾을 때는 '目'부수 2획에서 찾는다.

②자음으로 찾을 때는 '패'음에서 찾는다.

③총획으로 찾을 때는 '7획'에서 찾는다.

④부수로 찾을 때는 '貝'부수 0획에서 찾는다.

24. 밑줄 친 부분에 해당하는 한자가 <u>잘못</u> 쓰인 것은? (　　　)

①한 가닥 <u>빛</u>이 어둠을 뚫고 방 안으로 들어왔다. : 米

②할머니는 가까운 동네에 <u>사신다.</u> : 住

③등산을 다녀왔더니 <u>옷</u>에 풀씨가 들러붙었다. : 衣

④약속 장소에 갔더니 아무도 <u>없었다.</u> : 無

25. '對'의 유의자는? (　　　)

①中　　②己　　③空　　④答

26. '强'의 반의자는? (　　　)

①男　　②十　　③京　　④弱

27. "方□, 南□, 下□"에서 □안에 공통으로 들어갈 알맞은 한자는? (　　　)

①秋　　②天　　③向　　④等

※ **어휘의 독음이 바른 것을 고르시오.**

28. 當番 (　　) ①당직 ②군번 ③당번 ④당파

29. 交通 (　　) ①원활 ②개통 ③소통 ④교통

30. 植字 (　　) ①심자 ②직자 ③식자 ④식사

31. 部首 (　　) ①분수 ②분말 ③부수 ④부두

32. 萬金 (　　) ①매전 ②만금 ③만전 ④매입

33. 血肉 (　　) ①골육 ②혈내 ③목내 ④혈육

34. 工事 (　　) ①공사 ②역사 ③공장 ④회사

35. 母校 (　　) ①부교 ②학교 ③교정 ④모교

※ **어휘의 뜻으로 알맞은 것을 고르시오.**

36. 記入 (　　　)

①서로 번갈아 듦.　　②적어 넣음.

③따로따로 갈라서 나눔.　④중요한 자리에 뽑아 씀.

37. 合班 (　　　)

①급히 반을 편성함.

②쪼개어 놓은 옥을 다시 붙임.

③둘 이상의 학급을 반으로 나눔.

④둘 이상의 학급을 합침.

38. 영원: 끝이 없음, 끝없는 세월. (　　　)

①永遠　　②永原　　③英原　　④英遠

39. 백기: 항복의 표시로 쓰는 흰 기. (　　　)

①白車　　②白旗　　③百旗　　④百車

40. 사람은 누구나 <u>長短</u>점이 있기 마련이다.

(　　　)

①장문　　②장단　　③수단　　④단장

41. <u>地位</u>(이)가 높을수록 겸손해야 한다.

(　　　)

①지립　　②지상　　③지위　　④하위

42. <u>世代</u>간의 갈등을 잘 극복합시다.

(　　　)

①세상　　②시대　　③세계　　④세대

43. 친구들과 <u>회식</u>을 했다. (　　　)

①口食　　②會食　　③會口　　④主食

44. 그는 세상 돌아가는 <u>형편</u>을 잘 안다.

(　　　)

①形便　　②兄便　　③兄平　　④形平

45. 앞 글자가 뒤 글자를 꾸며주는 어휘는?

(　　　)

①古書　　②洞里　　③晝夜　　④牛馬

46. '前面'의 반의어는? (　　　)

①面前　　②面後　　③前後　　④後面

47. '室内'의 유의어는? (　　　)

①内外　　②家内　　③室外　　④家外

48. "死後功名"의 속뜻으로 알맞은 것은?

(　　　)

①산과 물을 좋아함.

②죽은 뒤에 내리는 벼슬.

③죽을 고비를 여러 차례 겪음.

④늙은이와 젊은이와 함께 즐김.

49. 우리의 민속 명절이 <u>아닌</u> 것은? (　　　)

①단오　　②대보름　　③한식　　④성탄절

50. 부모님께 효도하는 방법으로 바르지 <u>않은</u> 것은?

(　　　)

①어버이의 날에만 부모님께 감사의 마음을

　갖는다.

②형제간에 다투는 일이 없도록 한다.

③부모님의 말씀을 잘 듣는다.

④부모님께서 편찮으시면 정성껏 간호한다.

※ 한자의 훈음으로 바른 것을 고르시오.

1. 海 ( ) ①즐거울 락 ②바다 해
   ③번개 전 ④아침 조

2. 示 ( ) ①열 개 ②때 시
   ③귀신 신 ④보일 시

3. 命 ( ) ①백성 민 ②목숨 명
   ③밤 야 ④대 죽

4. 番 ( ) ①차례 번 ②쌀 미
   ③놓을 방 ④집 실

5. 答 ( ) ①대신할 대 ②글 서
   ③온전할 전 ④대답 답

6. 旗 ( ) ①집 가 ②길 영
   ③군사 군 ④기 기

7. 區 ( ) ①밝을 명 ②나눌 구
   ③약할 약 ④말씀 어

8. 邑 ( ) ①칼 도 ②다를 별
   ③고을 읍 ④말씀 언

9. 共 ( ) ①함께 공 ②나눌 분
   ③몸 신 ④밭 전

10. 聞 ( ) ①곧을 직 ②가을 추
    ③꽃 화 ④들을 문

※ 훈음에 맞는 한자를 고르시오.

11. 사귈 교 ( ) ①交 ②放 ③神 ④竹

12. 살 주 ( ) ①夜 ②永 ③住 ④祖

13. 긴 장 ( ) ①長 ②軍 ③身 ④電

14. 과목 과 ( ) ①才 ②科 ③末 ④全

15. 편할 편 ( ) ①時 ②便 ③語 ④室

16. 털 모 ( ) ①米 ②手 ③毛 ④牛

17. 학교 교 ( ) ①校 ②朝 ③直 ④秋

18. 머리 두 ( ) ①頭 ②明 ③田 ④西

19. 은 은 ( ) ①開 ②太 ③銀 ④東

20. 고기 육 ( ) ①刀 ②黃 ③央 ④肉

※ 물음에 알맞은 답을 고르시오.

21. "입을 벌리고 노래를 부른다"는 데서 '노래하다,
    읊조리다'의 뜻을 나타내는 한자는? ( )
    ①向 ②歌 ③樂 ④家

22. "洞口 밖 과수원 길에 아카시아 꽃이 피었다"에서 밑줄 친 '洞'의 훈음으로 가장 알맞은 것은?

(   )

①고을 통   ②고을 동   ③꿰뚫을 통   ④꿰뚫을 동

23. '平'을(를) 자전에서 찾을 때의 방법으로 바른 것은? (   )

①부수로 찾을 때는 '二'부수 3획에서 찾는다.

②총획으로 찾을 때는 '6획'에서 찾는다.

③부수로 찾을 때는 '干'부수 2획에서 찾는다.

④자음으로 찾을 때는 '호'음에서 찾는다.

24. 밑줄 친 부분에 해당하는 한자가 잘못 쓰인 것은?

(   )

①철수네 식구는 모두 혈액형이 같다. : 同

②나는 며칠 좀 쉬고 싶었다. : 休

③산을 오르기에 참 좋은 날씨다. : 等

④말 가는 데 소 간다 : 馬

25. '午'의 유의자는? (   )

①晝   ②室   ③夜   ④牛

26. '遠'의 반의자는? (   )

①放   ②別   ③神   ④近

27. "明□, 日□, 一代□"에서 □안에 공통으로 들어갈 알맞은 한자는? (   )

①記   ②開   ③軍   ④米

※ 어휘의 독음이 바른 것을 고르시오.

28. 空氣 (   )   ①강미   ②강기   ③공미   ④공기

29. 市中 (   )   ①시중   ②시장   ③지중   ④지장

30. 北京 (   )   ①서경   ②동경   ③패경   ④북경

31. 無色 (   )   ①무성   ②무삭   ③무읍   ④무색

32. 不當 (   )   ①부덕   ②불덕   ③부당   ④비당

33. 正信 (   )   ①지신   ②정언   ③정신   ④정화

34. 短小 (   )   ①두소   ②단소   ③답소   ④시소

※ 어휘의 뜻으로 알맞은 것을 고르시오.

35. 民意 (   )

①국민들이 그린 그림.   ②의지가 강한 사람.

③신하는 의리가 있어야 함.   ④국민의 뜻.

36. 名分 (   )

①내세우는 이유나 구실.   ②이름이 간단 명료함.

③분명하게 이야기 함.   ④성급한 믿음.

37. 原書 (   )

①본디의 이름.   ②자연의 빛을 본뜬 빛깔.

③사물이 기본이 되는 이치나 법칙.

④베끼거나 번역한 책에 대하여 그 원본이 된 책.

38. 강력: 힘이나 영향이 강함.　　　(　　　)

　①江刀　　②江力　　③强刀　　④强力

39. 다독: 많이 읽음.　　　　　　(　　　)

　①夕讀　　②多讀　　③讀多　　④多食

※ 밑줄 친 어휘의 알맞은 독음을 고르시오.

40. 이 운동은 <u>老少</u>에 관계없이 집 안에서 가볍게 할
수 있다.　　　　　　　　(　　　)

　①노소　　②효소　　③노약　　④노수

41. 시위대는 <u>車道</u>로 나와서 시위를 계속했다.

　　　　　　　　　　　　(　　　)

　①인도　　②수도　　③중도　　④차도

42. 주인에게 약간의 <u>先金</u>을 주었다. (　　　)

　①토금　　②광금　　③선왕　　④선금

※ 밑줄 친 부분을 한자로 바르게 쓴 것을 고르시오.

43. 모두 도시로 떠나가고 <u>농촌</u>에는 나이 든 노인들
밖에 없다.　　　　　　　(　　　)

　①農寸　　②同寸　　③同村　　④農村

44. 삼촌은 <u>영시</u>를 소리 내어 읽고 있었다.

　　　　　　　　　　　　(　　　)

　①英詩　　②詩英　　③央時　　④時英

※ 물음에 알맞은 답을 고르시오.

45. 앞 글자가 뒤 글자를 꾸며주는 어휘는?

　　　　　　　　　　　　(　　　)

　①兄弟　　②青山　　③夏冬　　④本末

46. '男子'의 반의어는?　　　　(　　　)

　①弱子　　②女子　　③母子　　④王子

47. '自己'의 유의어는?　　　　(　　　)

　①自大　　②自立　　③自出　　④自身

48. "一口二言"의 뜻으로 알맞은 것은?

　　　　　　　　　　　　(　　　)

　①말을 간단히 함.　　②말은 입에서 나옴.
　③말을 이랬다저랬다 함.　④말을 조리있게 함.

49. 우리의 전통 놀이가 <u>아닌</u> 것은?

　　　　　　　　　　　　(　　　)

　①연날리기　②다트놀이　③그네뛰기　④숨바꼭질

50. 우리의 전통 문화를 이해하고 발전시키는 방법
으로 바르지 <u>않은</u> 것은?　　(　　　)

　①우리가 먼저 사랑하고 아끼는 마음을 가진다.
　②참고 문헌을 통하여 관심과 정보를 얻는다.
　③상호 이해를 통한 문화 교류가 필요하다.
　④우리의 전통 문화만을 고집한다.

※ **한자의 훈음으로 바른 것을 고르시오.**

1. 京 (   ) ①다스릴 리   ②서울 경
          ③보일 시   ④발 족

2. 空 (   ) ①이룰 성   ②셀 계
          ③함께 공   ④빌 공

3. 農 (   ) ①친할 친   ②농사 농
          ③기 기   ④대 죽

4. 活 (   ) ①살 활   ②목숨 명
          ③강 강   ④집 실

5. 線 (   ) ①이제 금   ②수풀 림
          ③말 마   ④줄 선

6. 午 (   ) ①집 가   ②개 견
          ③군사 군   ④낮 오

7. 別 (   ) ①읽을 독   ②다를 별
          ③들을 문   ④입 구

8. 住 (   ) ①칼 도   ②주인 주
          ③살 주   ④말씀 언

9. 老 (   ) ①늙을 로   ②아홉 구
          ③몸 신   ④사내 남

10. 交 (   ) ①옷 의   ②가운데 앙
          ③꽃 화   ④사귈 교

※ **훈음에 맞는 한자를 고르시오.**

11. 많을 다 (   ) ①多 ②放 ③犬 ④竹

12. 믿을 신 (   ) ①先 ②水 ③信 ④玉

13. 길 영 (   ) ①永 ②軍 ③身 ④姓

14. 나라이름 한 (   ) ①東 ②韓 ③末 ④木

15. 지을 작 (   ) ①作 ②形 ③文 ④室

16. 뒤 후 (   ) ①五 ②手 ③後 ④牛

17. 통할 통 (   ) ①通 ②出 ③平 ④位

18. 밭 전 (   ) ①田 ②讀 ③少 ④電

19. 할아비 조 (   ) ①青 ②祖 ③巾 ④遠

20. 풀 초 (   ) ①刀 ②母 ③央 ④草

※ **물음에 알맞은 답을 고르시오.**

21. "손가락 하나의 너비"를 가리켜서 '한 치의 마디'라
는 뜻을 나타내는 한자는?   (   )

①耳   ②右   ③寸   ④士

22. "그는 見本을 보고 물건을 샀다"에서 밑줄 친 '見'의 훈음으로 가장 알맞은 것은? (   )

①뵐 현   ②소개할 현   ③볼 견   ④조개 패

23. '性'을(를) 자전에서 찾을 때의 방법으로 바른 것은? (   )

①부수로 찾을 때는 '忄' 부수 4획에서 찾는다.

②총획으로 찾을 때는 '8획'에서 찾는다.

③부수로 찾을 때는 '生' 부수 3획에서 찾는다.

④자음으로 찾을 때는 '생'음에서 찾는다.

24. 밑줄 친 부분에 해당하는 한자가 잘못 쓰인 것은? (   )

①그는 어려서부터 마술에 재주를 보였다. : 才

②우리는 극장 밖으로 나갔다. : 外

③내가 서 있는 자리에 볕이 들었다. : 休

④왕의 명령을 따르다. : 王

25. '洞'의 유의자는? (   )

①分   ②里   ③示   ④花

26. '朝'의 반의자는? (   )

①牛   ②夕   ③金   ④己

27. "東問西□"에서 □안에 들어갈 알맞은 한자는? (   )

①命   ②玉   ③答   ④言

---

28. 日記 (   ) ①일기 ②자기 ③공기 ④명フ

29. 弱小 (   ) ①강소 ②약소 ③약세 ④강익

30. 白民 (   ) ①시문 ②백문 ③백민 ④시민

31. 黃土 (   ) ①횡사 ②황사 ③횡토 ④황토

32. 去夜 (   ) ①금야 ②거석 ③거야 ④거이

33. 功名 (   ) ①기력 ②공력 ③기명 ④공명

34. 頭目 (   ) ①도목 ②두목 ③도일 ④두일

※ 어휘의 뜻으로 알맞은 것을 고르시오.

35. 魚肉 (   )

①곡식과 우유.   ②생선과 빵.

③생선의 고기.   ④새와 고기.

36. 事前 (   )

①회사의 대표자.   ②무슨 일이 있기 전.

③길이 없는 위험한 곳.   ④일이나 물건.

37. 火急 (   )

①불에 익힌 음식을 먹음.   ②사물의 가장 중요한 곳.

③급한 일을 알리는 전보나 편지.

④걷잡을 수 없이 타는 불과 같이 매우 급함.

38. 상부: 위쪽 부분. ( )

①上夫 ②下部 ③下夫 ④上部

39. 신입: 새로 들어옴. ( )

①親入 ②親八 ③新入 ④新八

40. 그리스 神話에 관한 만화를 읽었다.

( )

①신전 ②신하 ③신화 ④신설

41. 그들은 半步간격으로 나란히 길을 걸었다.

( )

①반섭 ②미섭 ③미보 ④반보

42. 생물은 크게 동물·植物·미생물로 나뉜다.

( )

①식목 ②직물 ③직목 ④식물

43. 친구에게 계속해서 일할 의향이 있는지 물어보았다.

( )

①本意 ②向意 ③本向 ④意向

44. 그는 고등 교육을 받은 인재이다.

( )

①登高 ②等高 ③高等 ④高登

45. 앞 글자가 뒤 글자를 꾸며주는 어휘는?

( )

①出入 ②兄弟 ③白米 ④山川

46. '便安'의 반의어는? ( )

①安子 ②不安 ③便母 ④安不

47. '明年'의 유의어는? ( )

①年年 ②今年 ③來年 ④末年

48. 문장에서 성어의 쓰임이 바르지 못한 것은?

( )

①정원에는 形形色色의 온갖 꽃들이 피어 있다.

②不遠千里하고 달려온 친구에게 고마운 마음이다.

③가난했던 그가 이제는 어엿하게 自手成家하였다.

④국가는 電光石火의 기틀을 튼튼히 해야 한다.

49. 우리나라의 명절이 아닌 것은?

( )

①설날 ②추석 ③단오 ④화이트데이

50. 부모님께 효도하는 방법으로 바르지 못한 것은?

( )

①먹을 것이 있으면 부모님보다 내가 먼저 먹는다.

②잠자리에 들거나 일어난 뒤에는 문안인사를 드린다.

③중요한 일은 부모님과 의논하여 결정한다.

④부모님께서 좋아하시는 것을 알려고 노력한다.

※ 한자의 훈음으로 바른 것을 고르시오.

1. 開 (　　) ①발　족 ②열　개
　　　　　　③문　문 ④물을　문

2. 竹 (　　) ①여섯　륙 ②세상　세
　　　　　　③대　죽 ④자리　위

3. 春 (　　) ①수레　거 ②낮　주
　　　　　　③봄　춘 ④누를　황

4. 里 (　　) ①마을　리 ②무거울　중
　　　　　　③농사　농 ④날　생

5. 半 (　　) ①낮　오 ②소　우
　　　　　　③절반　반 ④쌀　미

6. 高 (　　) ①학교　교 ②심을　식
　　　　　　③벗　우 ④높을　고

7. 歌 (　　) ①물건　물 ②노래　가
　　　　　　③셀　계 ④한수　한

8. 利 (　　) ①이로울　리 ②가을　추
　　　　　　③근본　본 ④귀신　신

9. 事 (　　) ①일　사 ②나눌　분
　　　　　　③모양　형 ④지아비　부

10. 語 (　　) ①말씀　화 ②말씀　어
　　　　　　③이름　명 ④말씀　언

※ 훈음에 맞는 한자를 고르시오.

11. 갈　거 (　　) ①黃 ②去 ③漢 ④玉

12. 기를　육 (　　) ①休 ②植 ③形 ④育

13. 군사　군 (　　) ①班 ②畫 ③軍 ④車

14. 겨울　동 (　　) ①工 ②末 ③衣 ④冬

15. 재주　재 (　　) ①目 ②才 ③七 ④林

16. 공　공 (　　) ①功 ②力 ③古 ④江

17. 놓을　방 (　　) ①手 ②央 ③放 ④千

18. 보일　시 (　　) ①小 ②牛 ③士 ④示

19. 매양　매 (　　) ①母 ②男 ③四 ④每

20. 다스릴　리 (　　) ①神 ②理 ③弟 ④主

※ 물음에 알맞은 답을 고르시오.

21. "소리가 귀로 들리다"에서 '들리다'의 뜻을 나타내는 한자는? (　　)

①問　　②秋　　③聞　　④今

22. 밑줄 친 '少'의 훈(뜻)이 다른 것은?

(   )

①少女   ②多少   ③靑少年   ④少年

23. '旗'을(를) 자전에서 찾을 때의 방법으로 바른 것은?   (   )

①부수로 찾을 때는 '方' 부수 10획에서 찾는다.

②부수로 찾을 때는 '其' 부수 6획에서 찾는다.

③총획으로 찾을 때는 '13획'에서 찾는다.

④자음으로 찾을 때는 '방'음에서 찾는다.

24. 밑줄 친 부분에 해당하는 한자가 잘못 쓰인 것은?

(   )

①부모님께서는 몸이 약한 동생을 늘 걱정하신다. : 弱

②그는 텔레비전을 보다가 잠이 들었다. : 見

③친구는 눈이 나빠 안경을 쓴다. : 日

④시작과 끝이 한결같다. : 末

25. '便'의 유의자는?   (   )

①安   ②西   ③中   ④石

26. '言'의 반의자는?   (   )

①金   ②行   ③今   ④足

27. "南□, 農□, □夫"에서 □안에 공통으로 들어갈 알맞은 한자는?   (   )

①八   ②月   ③犬   ④村

※ **어휘의 독음이 바른 것을 고르시오.**

28. 計上 (   )   ①개상   ②허상   ③십상   ④계상

29. 話頭 (   )   ①설두   ②설도   ③화두   ④화도

30. 等位 (   )   ①사위   ②등립   ③사립   ④등위

31. 銀魚 (   )   ①한어   ②은어   ③북어   ④인어

32. 元首 (   )   ①원수   ②완두   ③완수   ④원두

33. 百萬 (   )   ①백번   ②수만   ③백만   ④수백

34. 詩文 (   )   ①작문   ②언문   ③시어   ④시문

※ **어휘의 뜻으로 알맞은 것을 고르시오.**

35. 東海 (   )

①같은 나라   ②겨울 바다

③동쪽에 있는 바다   ④간절히 그리워함

36. 天命 (   )

①타고난 수명   ②하늘과 땅

③천지자연의 이치   ④하늘에 명령함

37. 重用 (   )

①물건이 너무 무거움   ②중요한 자리에 임용함

③용도에 맞지 않음   ④치우침이 없음

38. 지구: 일정한 기준에 따라 여럿으로 나눈 땅의 한 구획. (　　　)

①土九　　②地區　　③土區　　④地九

39. 전선: 전류가 흐르도록 하는 도체로서 쓰는 선. (　　　)

①全先　　②全線　　③電線　　④電先

40. 登校 전 준비물을 꼭 확인해야 한다. (　　　)

①등교　　②출근　　③하교　　④퇴근

41. 가을은 讀書하기에 좋은 계절이다. (　　　)

①독주　　②독서　　③문서　　④선서

42. 白米 두 섬에 찹쌀이 한 가마 실려 있다. (　　　)

①백옥　　②일미　　③백야　　④백미

43. 경찰의 수사는 다시 활기를 띠었다. (　　　)

①活記　　②活旗　　③活氣　　④活己

44. 그는 나에게 좀 더 확실한 대답을 요구했다. (　　　)

①大答　　②對答　　③對合　　④大合

45. 서로 비슷한 뜻의 한자로 이루어진 어휘는? (　　　)

①敎主　　②食水　　③社會　　④朝夕

46. '午後'의 반의어는? (　　　)

①左右　　②午前　　③前後　　④上牛

47. '名目'의 유의어는? (　　　)

①姓名　　②名分　　③名馬　　④五目

48. "一長一短"의 속뜻으로 알맞은 것은? (　　　)

①변명할 말이 없음　　②어른과 어린이를 말함

③장점도 있고 단점도 있음　　④길고 짧음을 재어 봄

49. "부모님께 행해야 할 덕목"으로 가장 알맞은 것은? (　　　)

①孝　　②學　　③永　　④友

50. 평소 예절의 실천으로 바르지 않은 것은? (　　　)

①전화를 잘못 걸었을 때에는 정중히 사과한다.

②장난삼아 친구에게 발을 걸어 넘어뜨린다.

③상대방의 인격을 존중하고 겸손한 태도를 갖는다.

④상대방에게 이야기할 때에는 알아듣기 좋은 속도로 이야기한다.

※ 한자의 훈음으로 바른 것을 고르시오.

1. 各 (　) ①먼저 선 ②각각 각
　　　　　 ③글자 자 ④목숨 명

2. 對 (　) ①다닐 행 ②수건 건
　　　　　 ③대답할 대 ④대답 답

3. 民 (　) ①백성 민 ②몸 신
　　　　　 ③나라 국 ④길 영

4. 書 (　) ①낮 주 ②세상 세
　　　　　 ③글월 문 ④글 서

5. 市 (　) ①빌 공 ②지아비 부
　　　　　 ③저자 시 ④머리 수

6. 友 (　) ①클 태 ②가을 추
　　　　　 ③아우 제 ④벗 우

7. 場 (　) ①노래 가 ②마당 장
　　　　　 ③기운 기 ④멀 원

8. 重 (　) ①여름 하 ②온전할 전
　　　　　 ③무거울 중 ④성씨 성

9. 室 (　) ①집 실 ②높을 고
　　　　　 ③합할 합 ④있을 유

10. 讀 (　) ①갈 거 ②읽을 독
　　　　　 ③기를 육 ④놓을 방

※ 훈음에 맞는 한자를 고르시오.

11. 가르칠 교 (　) ①士 ②敎 ③左 ④强

12. 누를 황 (　) ①向 ②元 ③旗 ④黃

13. 때 시 (　) ①本 ②時 ③別 ④古

14. 배울 학 (　) ①韓 ②兄 ③足 ④學

15. 들을 문 (　) ①面 ②聞 ③食 ④文

16. 대 죽 (　) ①竹 ②平 ③休 ④寸

17. 칼 도 (　) ①刀 ②利 ③九 ④石

18. 급할 급 (　) ①六 ②計 ③急 ④同

19. 피 혈 (　) ①血 ②肉 ③今 ④空

20. 말씀 화 (　) ①林 ②活 ③話 ④位

※ 물음에 알맞은 답을 고르시오.

21. "구슬을 쪼개어 나눈 모양"으로 만들어진 한자는?

　　　　　　　　　　　　　　　(　)

①王 ②班 ③開 ④羊

22. "便所에서 냄새가 심하게 난다"에서 밑줄 친 '便'의 훈(뜻)으로 가장 알맞은 것은? (   )

①편할 편   ②똥오줌 변   ③문득 변   ④쉴 편

23. '京'을(를) 자전에서 찾을 때의 방법으로 바른 것은? (   )

①부수로 찾을 때는 '亠' 부수 6획에서 찾는다.

②부수로 찾을 때는 '口' 부수 5획에서 찾는다.

③부수로 찾을 때는 '小' 부수 5획에서 찾는다.

④자음으로 찾을 때는 '영'음에서 찾는다.

24. 밑줄 친 부분에 해당하는 한자가 잘못 쓰인 것은? (   )

①종이를 찢어 버리고 새롭게 글을 적었다. : 神

②그 옷은 너한테 잘 어울린다. : 衣

③저녁이 되면 날씨가 쌀쌀해 질 것이다. : 夕

④단체 사진의 한 가운데에 내가 있다. : 央

25. '社'의 유의자는? (   )

①四   ②月   ③計   ④會

26. '死'의 반의자는? (   )

①事   ②生   ③歌   ④出

27. "大□, 育□, □立"에서 □안에 공통으로 들어갈 알맞은 한자는? (   )

①末   ②行   ③成   ④植

※ 어휘의 독음이 바른 것을 고르시오.

28. 通用 (   ) ①송각 ②도용 ③통각 ④통용

29. 男性 (   ) ①여성 ②남성 ③역성 ④남생

30. 英語 (   ) ①앙언 ②영언 ③앙어 ④영어

31. 名作 (   ) ①각작 ②국작 ③명작 ④명자

32. 原理 (   ) ①언리 ②원옥 ③순리 ④원리

33. 立冬 (   ) ①입춘 ②입각 ③육각 ④입동

34. 小邑 (   ) ①소읍 ②소면 ③소색 ④소각

※ 어휘의 뜻으로 알맞은 것을 고르시오.

35. 放水 (   )

①물이 흘러가는 방향   ②새는 물을 막음

③물을 흘려보냄   ④논에 물을 댐

36. 子弟 (   )

①남의 아들의 높임말   ②그 사람 자신

③활동이 적은 사람   ④나이가 많은 사람

37. 所信 (   )

①자기가 믿고 생각하는 바   ②믿음을 갖지 못함

③자신이 아끼는 물건   ④성급한 믿음

※ **낱말을 한자로 바르게 쓴 것을 고르시오.**

38. 광명: 밝고 환함. 또는 밝은 미래나 희망을 상징

하는 밝고 환한 빛.   (   )

①光月   ②光明   ③交明   ④交月

39. 부문: 일정한 기준에 따라 분류하거나 나누어 놓은

낱낱의 범위나 부분.   (   )

①部問   ②不門   ③不問   ④部門

※ **밑줄 친 어휘의 알맞은 독음을 고르시오.**

40. 花草에 물을 주니, 더욱 생기가 났다.

(   )

①화초   ②하초   ③식물   ④약초

41. 이번 주 청소 當番은(는) 내 차례다.

(   )

①당반   ②친척   ③친구   ④당번

42. 우리나라는 태평양의 北西쪽에 있다.

(   )

①남동   ②북동   ③남서   ④북서

※ **밑줄 친 부분을 한자로 바르게 쓴 것을 고르시오.**

43. 청군과 백군은 동점이다.   (   )

①白國   ②白軍   ③青國   ④青軍

44. 내가 좋아하는 과목은 한문이다.   (   )

①科目   ②科木   ③耳目   ④耳木

※ **물음에 알맞은 답을 고르시오.**

45. 앞 글자가 뒤 글자를 꾸며주는 '수식관계'로 이루

어진 것은?   (   )

①首頭   ②永遠   ③左右   ④高見

46. '短音'의 반의어는?   (   )

①長短   ②長音   ③短長   ④間音

47. '本來'의 유의어는?   (   )

①去來   ②本名   ③元來   ④有來

48. "人山人海"의 속뜻으로 알맞은 것은?

(   )

①경치 좋은 산과 바다   ②임자 없는 산과 바다

③사람을 닮은 산과 바다의 형태

④사람이 수없이 많이 모인 상태

49. 박물관에 갔을 때의 태도로 바르지 않은 것은?

(   )

①진열된 물건을 소중하게 여긴다.

②진열된 물건에 대해 중요한 것을 기록한다.

③진열된 물건에 담겨진 정신을 배운다.

④진열된 물건을 마음대로 만지고 들여다본다.

50. "창포물에 머리감기, 그네뛰기, 씨름"등의 풍속이

있는 우리나라 명절은?   (   )

①단오   ②추석   ③한식   ④원단

※ 한자의 훈음으로 바른 것을 고르시오.

1. 毛 ( ) ①몸 기 ②양 양
   ③남녘 남 ④털 모

2. 親 ( ) ①서울 경 ②대답할 대
   ③친할 친 ④다스릴 리

3. 詩 ( ) ①말씀 화 ②글 시
   ③노래 가 ④약할 약

4. 急 ( ) ①급할 급 ②누를 황
   ③길 영 ④가까울 근

5. 短 ( ) ①목숨 명 ②짧을 단
   ③보일 시 ④성품 성

6. 夜 ( ) ①밤 야 ②놓을 방
   ③각각 각 ④빛 색

7. 米 ( ) ①쌀 미 ②함께 공
   ③마을 리 ④매양 매

8. 才 ( ) ①강할 강 ②재주 재
   ③가르칠 교 ④기록할 기

9. 登 ( ) ①군사 군 ②오를 등
   ③향할 향 ④올 래

10. 植 ( ) ①심을 식 ②기 기
    ③이제 금 ④물건 물

※ 훈음에 맞는 한자를 고르시오.

11. 높을 고 ( ) ①高 ②原 ③太 ④今

12. 살 활 ( ) ①語 ②活 ③右 ④漢

13. 차례 번 ( ) ①玉 ②木 ③番 ④科

14. 함께 공 ( ) ①共 ②示 ③川 ④巾

15. 낮 주 ( ) ①左 ②晝 ③魚 ④住

16. 여름 하 ( ) ①林 ②夫 ③東 ④夏

17. 합할 합 ( ) ①育 ②母 ③合 ④電

18. 고을 읍 ( ) ①邑 ②犬 ③衣 ④京

19. 걸음 보 ( ) ①老 ②步 ③班 ④末

20. 농사 농 ( ) ①姓 ②場 ③己 ④農

※ 물음에 알맞은 답을 고르시오.

21. "머리털과 눈을 강조하여 그린 사람의 머리 앞모양"
    을 본뜬 글자는? ( )

    ①命 ②耳 ③首 ④貝

22. "화초 가꾸는 일을 道樂(으)로 삼았다"에서 밑줄 친 '樂'의 훈음으로 알맞은 것은? (   )
①풍류 악   ②좋아할 요 ③즐거울 락 ④아뢸 악

23. '前'을(를) 자전에서 찾을 때의 방법으로 바르지 않은 것은? (   )
①부수로 찾을 때는 '月'부수 5획에서 찾는다.
②부수로 찾을 때는 '刀'부수 7획에서 찾는다.
③자음으로 찾을 때는 '전'음에서 찾는다.
④총획으로 찾을 때는 '9획'에서 찾는다.

24. 밑줄 친 부분에 해당하는 한자가 바르지 않은 것은? (   )
①소에게 꼴을 먹였다. : 牛
②눈이 온 세상을 덮었다. : 世
③흰 것은 종이요 검은 것은 글씨라. : 百
④수레에 짐을 너무 많이 실었다. : 車

25. '家'의 유의자는? (   )
①黃   ②西   ③室   ④放

26. '先'의 반의자는? (   )
①羊   ②靑   ③後   ④友

27. "□物, 千□, □金"에서 □안에 공통으로 들어갈 알맞은 한자는? (   )
①問   ②萬   ③主   ④有

※ 어휘의 독음이 바른 것을 고르시오.

28. 目讀 (   ) ①목독 ②자두 ③눈독 ④패두

29. 午時 (   ) ①우시 ②자시 ③서시 ④오시

30. 字音 (   ) ①자은 ②자의 ③지음 ④자음

31. 計寸 (   ) ①계춘 ②계촌 ③기촌 ④개춘

32. 書面 (   ) ①서면 ②서류 ③주목 ④주면

33. 馬刀 (   ) ①매조 ②마조 ③매도 ④마도

34. 會同 (   ) ①사통 ②사동 ③회통 ④회동

※ 어휘의 뜻으로 알맞은 것을 고르시오.

35. 有形 (   )
①잘못이나 죄가 있음   ②잘못이나 죄가 없음
③형상이나 형체가 있음   ④형상이나 형체가 없음

36. 民意 (   )
①백성들의 함성 소리   ②의지가 강한 사람
③국민의 뜻   ④신하의 의리

37. 孝子 (   )
①부모께서 살아계심   ②도리를 잘 행함
③형제간에 잘 지냄   ④부모를 잘 섬기는 아들

38. 입사: 회사 따위에 취직하여 들어감.

(   )

①人社   ②入四   ③入社   ④人四

39. 소신: 굳게 믿고 있는 바.   (   )

①所信   ②小信   ③所新   ④小新

40. 休日에 푹 쉬었더니 몸이 개운하다.

(   )

①주일   ②목일   ③휴일   ④주말

41. 팀 성적이 下位권에 머무르고 있다.

(   )

①상위   ②하위   ③상립   ④하립

42. 공과 사를 區別하는 것이 생각처럼 쉽지 않다.

(   )

①품별   ②구분   ③구별   ④품분

43. 그 가수는 긴 무명생활로 힘들어했다. (   )

①無色   ②無名   ③無性   ④無理

44. 나는 오늘 박물관에 견학을 갔다.   (   )

①學門   ②見敎   ③見學   ④見聞

45. 서로 비슷한 뜻의 한자로 이루어진 어휘는?

(   )

①遠近   ②春秋   ③天地   ④正直

46. '來年'의 반의어는?   (   )

①中年   ②少年   ③去年   ④每年

47. '石工'의 유의어는?   (   )

①土石   ②石手   ③木石   ④石耳

48. "四海兄弟"의 속뜻으로 알맞은 것은?

(   )

①바다 멀리 형제가 서로 떨어져 있음

②형제가 모두 넷임   ③형제가 해외여행을 감

④세상 사람은 모두 형제처럼 서로 사랑해야 함

49. 우리의 전통 놀이가 아닌 것은?   (   )

①제기차기   ②로데오   ③팽이치기   ④썰매타기

50. 평상시 우리의 행동으로 바르지 않은 것은?

(   )

①사고 싶은 물건을 사주지 않을 때는 불평을 한다.

②이웃의 어른을 보면 공손하게 인사를 드린다.

③출입할 때에는 자신의 행선지를 알린다.

④식사를 할 때는 음식을 골고루 먹는다.

13회 실전대비문제

※ **한자의 훈음으로 바른 것을 고르시오.**

1. 神 (   ) ①임금 왕 ②양 양
   ③편할 편 ④귀신 신

2. 育 (   ) ①길 영 ②기를 육
   ③이로울 리 ④낮 오

3. 遠 (   ) ①오른 우 ②멀 원
   ③줄 선 ④뒤 후

4. 班 (   ) ①온전할 전 ②근본 본
   ③절반 반 ④나눌 반

5. 當 (   ) ①마땅할 당 ②다를 별
   ③차례 번 ④다스릴 리

6. 太 (   ) ①개 견 ②클 태
   ③수건 건 ④나무 목

7. 旗 (   ) ①기 기 ②모일 회
   ③향할 향 ④여름 하

8. 放 (   ) ①모 방 ②언덕 원
   ③놓을 방 ④대 죽

※ **훈음에 맞는 한자를 고르시오.**

9. 이룰 성 (   ) ①性 ②每 ③色 ④成

10. 대신할 대 (   ) ①對 ②衣 ③代 ④萬

11. 기록할 기 (   ) ①記 ②用 ③短 ④己

12. 과목 과 (   ) ①科 ②休 ③植 ④形

13. 나눌 분 (   ) ①命 ②多 ③歌 ④分

14. 긴 장 (   ) ①邑 ②長 ③今 ④合

15. 벗 우 (   ) ①友 ②夫 ③無 ④女

※ **물음에 알맞은 답을 고르시오.**

16. '밭 전'에 '힘 력'을 합친 자로, 논이나 밭을 가는 사람, 즉 '남자'를 뜻하는 한자는?

(   )

①里   ②百   ③男   ④田

17. "金九 선생님은 독립운동가이시다"에서 밑줄 친 '金'의 훈음으로 알맞은 것은?

( )

①쇠 금　　②성 김　　③귀할 김　　④금 금

18. "어머니는 洞口 밖까지 우리를 배웅하셨다"에서 밑줄 친 '洞'의 훈음으로 가장 알맞은 것은?

( )

①고을 동　②꿰뚫을 통　③밝을 통　④빌 동

19. '意'을(를) 자전에서 찾을 때의 방법으로 바르지 않은 것은?

( )

①총획으로 찾을 때는 '13획'에서 찾는다.
②부수로 찾을 때는 '心'부수 9획에서 찾는다.
③부수로 찾을 때는 '호'부수 8획에서 찾는다.
④자음으로 찾을 때는 '의'음에서 찾는다.

20. '言'의 유의자는?

( )

①計　　②重　　③語　　④朝

21. '老'의 반의자는?

( )

①毛　　②中　　③火　　④少

22. "血□, 文□, 白面□生"에서 □안에 공통으로 들어갈 알맞은 한자는?

( )

①急　　②死　　③書　　④米

23. 不通 ( )　①불통　②불명　③부정　④부송

24. 正信 ( )　①지신　②정언　③정신　④정화

25. 空軍 ( )　①공군　②육지　③육군　④공지

26. 平等 ( )　①반사　②반등　③평등　④평사

27. 先頭 ( )　①산두　②선두　③형두　④선혈

28. 山地 ( )　①산지　②산토　③토지　④악산

29. 下直 ( )　①일직　②하진　③하직　④하정

30. 孝親 ( )　①로현　②효친　③효견　④노신

31. 敎主 ( )　①혼주　②훈주　③교주　④교시

※ **어휘의 뜻으로 알맞은 것을 고르시오.**

32. 登校 ( )
①학교를 빠져나오는 일　②학생이 학교에 감
③학교에서 돌아옴　　　　④수많은 학교

33. 音讀 ( )
①인간의 사상이나 감정　②필요한 말만 함
③음성 따위로 나타내는 예술
④글 따위를 소리 내어 읽음

34. 共有 ( )
①국가의 소유　　　　②공중과 지상
③두 사람 이상이 한 물건을 공동으로 소유함
④아무것도 없이 비어 있음

35. 각자: 각각의 자신.　　　　　（　　　）
①名自　②各目　③各自　④名目

36. 강력: 힘이나 영향이 강함.　　　（　　　）
①江刀　②強刀　③強力　④江力

37. 야간: 밤사이. 밤 동안.　　　　（　　　）
①夕間　②夜間　③夜聞　④夕聞

※ **밑줄 친 어휘의 알맞은 독음을 고르시오.**

38. 문이 열려 있어 방 内部가 들여다보인다.
　　　　　　　　　　　　　　（　　　）
①총회　②내부　③실내　④본부

39. 사고가 나자 그 지역의 電氣 공급을 중단하였다.
　　　　　　　　　　　　　　（　　　）
①전기　②전미　③운기　④운미

40. 할머니를 祖母라고 한다.　　　（　　　）
①선조　②조부　③조모　④조무

41. 저희 할머니의 春秋은(는) 일흔이십니다.
　　　　　　　　　　　　　　（　　　）
①연세　②춘추　③연령　④춘천

※ **밑줄 친 부분을 한자로 바르게 쓴 것을 고르시오.**

42. 은어가 강 상류를 거슬러 올라간다.（　　　）
①青魚　②銀魚　③海馬　④銀馬

43. 삼촌은 영시를 지었다.　　　　（　　　）
①詩英　②英詩　③央時　④時央

44. 올해 농사가 풍년이다.　　　　（　　　）
①民事　②民士　③農士　④農事

※ **물음에 알맞은 답을 고르시오.**

45. 앞 글자가 뒤 글자를 꾸며주는 어휘가 아닌 것은?
　　　　　　　　　　　　　　（　　　）
①作名　②古字　③車道　④牛肉

46. '來年'의 유의어는?　　　　　（　　　）
①來月　②上年　③年末　④明年

47. '出國'의 반의어는?　　　　　（　　　）
①出入　②入國　③立國　④出身

48. "東問西答"의 속뜻으로 알맞은 것은?
　　　　　　　　　　　　　　（　　　）
①방향을 이름　　　　②이치에 맞음
③묻는 말과 상관없는 엉뚱한 대답
④여러 가지 문제가 발생함

49. 우리의 전통 문화를 이해하고 발전시키는
방법으로 바르지 않은 것은?　（　　　）
①우리의 전통 문화만을 고집한다.
②상호 이해를 통한 문화 교류가 필요하다.
③참고 문헌을 통하여 관심과 정보를 얻는다.
④우리가 먼저 사랑하고 아끼는 마음을 가진다.

50. 설날이라 하며 "차례지내기, 떡국 먹기, 세배,
성묘"등이 행해지는 고유 명절은?
　　　　　　　　　　　　　　（　　　）
①단오　②원일　③상원　④추석

※ 한자의 훈음으로 바른 것을 고르시오.

1. 肉 (　　) ①각각　각　②고기　육
　　　　　　③매양　매　④기를　육

2. 去 (　　) ①강할　강　②가까울　근
　　　　　　③함께　공　④갈　　거

3. 別 (　　) ①다를　별　②새로울　신
　　　　　　③때　　시　④말씀　어

4. 漢 (　　) ①통할　통　②무거울　중
　　　　　　③강　　강　④한수　한

5. 軍 (　　) ①기　　기　②배울　학
　　　　　　③군사　군　④차례　번

6. 性 (　　) ①밤　　야　②성품　성
　　　　　　③뜻　　의　④성씨　성

7. 開 (　　) ①열　　개　②마을　리
　　　　　　③이룰　성　④주인　주

8. 海 (　　) ①일만　만　②번개　전
　　　　　　③낮　　오　④바다　해

※ 훈음에 맞는 한자를 고르시오.

9. 멀 　원 (　　) ①母 ②足 ③步 ④遠

10. 심을 식 (　　) ①植 ②衣 ③晝 ④十

11. 언덕 원 (　　) ①邑 ②友 ③計 ④原

12. 마당 장 (　　) ①死 ②千 ③場 ④冬

13. 사이 간 (　　) ①間 ②門 ③問 ④聞

14. 보일 시 (　　) ①銀 ②示 ③區 ④半

15. 친할 친 (　　) ①敎 ②夏 ③親 ④線

※ 물음에 알맞은 답을 고르시오.

16. "입을 벌리고 노래를 부른다"는 데서 '노래하다, 읊조리다'의 뜻을 나타내는 한자는?

　　　　　　　　　　　　　　(　　)

①自　　②家　　③歌　　④直

17. "라디오에서 흥겨운 音樂이 흘러나온다"에서 밑줄 친 '樂'의 훈음으로 가장 알맞은 것은?

( )

①즐길 악 ②풍류 악 ③좋아할 요 ④즐거울 락

18. 밑줄 친 '便'의 독음이 다른 것은? ( )

①小便 ②便利 ③便道 ④便安

19. '平'을(를) 자전에서 찾을 때의 방법으로 바른 것은?

( )

①자음으로 찾을 때는 '호'음에서 찾는다.

②총획으로 찾을 때는 '6획'에서 찾는다.

③부수로 찾을 때는 '二'부수 3획에서 찾는다.

④부수로 찾을 때는 '干'부수 2획에서 찾는다.

20. '對'의 유의자는?

( )

①弱 ②答 ③京 ④科

21. '夕'의 반의자는?

( )

①元 ②多 ③朝 ④青

22. "男女□少"에서 □안에 들어갈 알맞은 한자는?

( )

①工 ②孝 ③老 ④弟

23. 永住 ( ) ①팔왕 ②입왕 ③팔주 ④영주

24. 同等 ( ) ①동창 ②동등 ③합창 ④합동

25. 手當 ( ) ①수당 ②수전 ③수상 ④수확

26. 分下 ( ) ①교하 ②부분 ③상하 ④분하

27. 不毛 ( ) ①부수 ②부모 ③불모 ④불수

28. 社交 ( ) ①사과 ②사교 ③사우 ④휴교

29. 韓牛 ( ) ①한과 ②반우 ③반반 ④한우

30. 和合 ( ) ①화합 ②화급 ③화회 ④구급

31. 首班 ( ) ①자반 ②수반 ③자번 ④수번

32. 山村 ( )

①산에서 나무를 함 ②산을 거슬러 올라감
③산 속에 있는 마을 ④산에서 사는 사람

33. 本末 ( )

①한 해의 마지막 무렵 ②사물이 전하여 내려옴
③일이 마무리되는 끝
④사물이나 일의 처음과 끝

34. 高地 ( )

①가격이 비싼 땅 ②높은 가격
③고층빌딩을 이르는 말 ④지대가 높은 땅

※ **낱말을 한자로 바르게 쓴 것을 고르시오.**

35. 정면: 똑바로 마주 보이는 면.　　（　　　）
　　①正面　　②正月　　③正洞　　④正用

36. 내부: 안쪽의 부분.　　　　　　（　　　）
　　①來部　　②來夫　　③内夫　　④内部

37. 공백: 아무것도 없이 비어 있음.　（　　　）
　　①空百　　②功白　　③空白　　④功百

※ **밑줄 친 어휘의 알맞은 독음을 고르시오.**

38. 讀書는 간접 경험의 가장 좋은 방법이다.
　　　　　　　　　　　　　　　（　　　）
　　①문서　　②독서　　③독회　　④언서

39. 가방을 메고 登校하는 학생들의 모습이 보였다.
　　　　　　　　　　　　　　　（　　　）
　　①퇴근　　②출근　　③등교　　④하교

40. 神位은(는) 죽은 사람의 사진이나 지방을 이른다.
　　　　　　　　　　　　　　　（　　　）
　　①신위　　②귀신　　③신수　　④신립

41. 世代간의 갈등을 잘 극복합시다.　（　　　）
　　①시대　　②세대　　③세상　　④세계

※ **밑줄 친 부분을 한자로 바르게 쓴 것을 고르시오.**

42. 정부는 시민들의 의견을 적극 반영하는 정책을 펴야한다.　　　　　　　　　　（　　　）
　　①市米　　②巾民　　③巾米　　④市民

43. 제 소신대로 진행하도록 하겠습니다. （　　　）
　　①石心　　②所身　　③所信　　④石信

44. 오늘 친구들과 회식을 하기로 했다.
　　　　　　　　　　　　　　　（　　　）
　　①會黃　　②耳食　　③會食　　④玉食

※ **물음에 알맞은 답을 고르시오.**

45. 앞 글자가 뒤 글자를 꾸며주는 어휘는?
　　　　　　　　　　　　　　　（　　　）
　　①竹田　　②中央　　③東西　　④左右

46. '生氣'의 유의어는?　　　　　（　　　）
　　①生活　　②五行　　③火國　　④活氣

47. '入力'의 반의어는?　　　　　（　　　）
　　①大力　　②出力　　③力士　　④力入

48. 문장에서 성어의 쓰임이 바른 것은?
　　　　　　　　　　　　　　　（　　　）
　　①엉뚱한 대답을 有口無言이라 한다.
　　②청렴한 그는 有口無言을 몸소 실천하고 있다.
　　③모두 내 잘못이라 생각하니 有口無言이다.
　　④그곳은 방문객들로 有口無言을 이루었다.

49. 우리나라의 명절이 아닌 것은?
　　　　　　　　　　　　　　　（　　　）
　　①추석　　②단오　　③설날　　④부활절

50. 우리의 평소 행동으로 바르지 않은 것은?
　　　　　　　　　　　　　　　（　　　）
　　①자기주장만이 옳다고 고집을 부린다.
　　②전화통화는 용건을 미리 정리해 짧게 통화한다.
　　③친한 친구사이라도 거친 말보다는 고운 말을
　　　쓰도록 한다.
　　④문을 열고 닫을 때에는 가능한 한 큰 소리 나지
　　　않게 여닫는다.

15회 실전대비문제

시험시간 : 40분

점수:

※ 한자의 훈음으로 바른 것을 고르시오.

1. 問 (   )　　①사이　간　　②물을　문
　　　　　　　③들을　문　　④문　　문

2. 老 (   )　　①적을　소　　②짧을　단
　　　　　　　③늙을　로　　④물건　물

3. 春 (   )　　①빛　　색　　②살　　주
　　　　　　　③가운데　앙　④봄　　춘

4. 各 (   )　　①기　　기　　②목숨　명
　　　　　　　③빛　　광　　④각각　각

5. 空 (   )　　①빌　　공　　②군사　군
　　　　　　　③나눌　구　　④함께　공

6. 科 (   )　　①밤　　야　　②과목　과
　　　　　　　③심을　식　　④할아비　조

7. 元 (   )　　①갈　　거　　②열　　십
　　　　　　　③으뜸　원　　④두　　이

8. 無 (   )　　①머리　두　　②번개　전
　　　　　　　③기운　기　　④없을　무

※ 훈음에 맞는 한자를 고르시오.

9. 약할　약 (   )　①男　②川　③弱　④王

10. 통할　통 (   )　①同　②重　③等　④通

11. 조개　패 (   )　①七　②田　③貝　④六

12. 한수　한 (   )　①行　②漢　③花　④末

13. 노래　가 (   )　①歌　②百　③步　④神

14. 모양　형 (   )　①西　②足　③和　④形

15. 서울　경 (   )　①正　②高　③京　④休

※ 물음에 알맞은 답을 고르시오.

16. "귀의 모양"을 본떠 만든 한자는?

　　　　　　　　　　　　　　(   )
①肉　　②耳　　③里　　④千

17. "便安한 생활을 추구하다"에서 밑줄 친 '便'의 훈음으로 가장 알맞은 것은?

( )

①아첨할 편　②똥오줌 변　③문득 변　④편할 편

18. "온 국민이 合心하여 국난을 슬기롭게 극복했다"에서 밑줄 친 '合'의 훈음으로 가장 알맞은 것은?

( )

①합할 합　②마을 합　③만날 합　④흡 흡

19. '全'을(를) 자전에서 찾을 때의 방법으로 바르지 <u>않은</u> 것은?

( )

①자음으로 찾을 때는 '전'음에서 찾는다.

②부수로 찾을 때는 '入'부수 4획에서 찾는다.

③총획으로 찾을 때는 '6획'에서 찾는다.

④부수로 찾을 때는 '王'부수 2획에서 찾는다.

20. '午'의 유의자는?　　( )

①牛　　②室　　③晝　　④夜

21. '近'의 반의자는?　　( )

①活　　②原　　③靑　　④遠

22. "江□, 農□, □夫"에서 □안에 공통으로 들어갈 알맞은 한자는?　　( )

①村　　②犬　　③八　　④月

※ 어휘의 독음이 바른 것을 고르시오.

23. 黃土 ( )　①항토 ②황토 ③황색 ④항색

24. 信用 ( )　①언용 ②언주 ③신용 ④신주

25. 言語 ( )　①언오 ②언어 ③어언 ④언문

26. 銀魚 ( )　①북어 ②한어 ③인어 ④은어

27. 不急 ( )　①불황 ②불응 ③불급 ④불심

28. 古詩 ( )　①고시 ②명시 ③고론 ④명론

29. 分明 ( )　①일월 ②월명 ③분백 ④분명

30. 開所 ( )　①문소 ②폐소 ③개소 ④개근

31. 英才 ( )　①영재 ②양촌 ③양재 ④영수

※ 어휘의 뜻으로 알맞은 것을 고르시오.

32. 日新 ( )

①날과 때　　　②날마다 새로워짐

③며칠 전　　　④한 가지의 이치

33. 東海 ( )

①간절히 그리워함　　②같은 나라

③동쪽에 있는 바다　　④겨울 바다

34. 首位 ( )

①경비 아저씨　　　②물의 높이

③머리에 들어있는 지식이 많음

④첫째가는 자리나 우두머리가 되는 자리

35. 당면: 일이 바로 눈앞에 닥침. ( )

①當目　　②長目　　③長面　　④當面

36. 직선: 꺾이거나 굽은 데가 없는 곧은 선.

( )

①植線　　②直線　　③植成　　④直成

37. 선금: 무엇을 사거나 세낼 때에 먼저 치르는 돈.

( )

①先金　　②大金　　③十金　　④千金

38. 白米와(과) 잡곡을 적절하게 섞어 먹는 것이 좋다. ( )

①백야　　②백옥　　③백미　　④일미

39. 民話에는 서민의 의식이 반영되어 있다.

( )

①인화　　②동화　　③언어　　④민화

40. 컴퓨터로 文書 작성을 하였다. ( )

①문서　　②언서　　③문화　　④독회

41. 친구들과 校門 앞에서 만나기로 하였다.

( )

①교문　　②정문　　③학교　　④교정

42. 부모님의 의견에 따르다. ( )

①衣見　　②意見　　③衣身　　④意身

43. 그는 매사에 신중한 성격이다. ( )

①毛市　　②每事　　③毛事　　④每市

44. 차도로 걸어 다니는 것은 위험한 일이다.

( )

①道車　　②車馬　　③馬車　　④車道

45. 비슷한 뜻의 한자로 이루어진 어휘는? ( )

①自力　　②會社　　③南向　　④南北

46. '一代'의 유의어는? ( )

①一世　　②一生　　③一家　　④一同

47. '入口'의 반의어는? ( )

①入口　　②人口　　③出口　　④食口

48. "死後功名"의 속뜻으로 알맞은 것은?

( )

①죽은 뒤에 내리는 벼슬

②공적인 일을 뒤에 함

③산과 물을 좋아함

④죽을 고비를 여러 차례 겪음

49. "부모님께 행해야 할 덕목"으로 가장 알맞은 것은?

( )

①學　　②孝　　③友　　④永

50. 우리나라의 전통 놀이가 아닌 것은? ( )

①널뛰기　②윷놀이　③연날리기　④빙고게임

모|범|답|안

①회 심화학습문제 (117~119쪽)

1.③ 2.② 3.② 4.④ 5.① 6.② 7.④ 8.③ 9.① 10.④ 11.③ 12.② 13.① 14.③ 15.④ 16.③ 17.① 18.④
19.① 20.④ 21.④ 22.② 23.③ 24.① 25.③ 26.① 27.③ 28.① 29.④ 30.② 31.③ 32.① 33.④ 34.③
35.② 36.② 37.① 38.② 39.④ 40.② 41.① 42.④ 43.③ 44.① 45.② 46.④ 47.③ 48.① 49.② 50.④

②회 심화학습문제 (120~122쪽)

1.③ 2.② 3.① 4.④ 5.⑦ 6.⑥ 7.⑤ 8.⑧ 9.⑩ 10.⑨ 11.② 12.① 13.④ 14.③ 15.⑤ 16.⑨ 17.⑥ 18.⑧
19.⑩ 20.⑦ 21.① 22.③ 23.② 24.④ 25.① 26.③ 27.② 28.① 29.④ 30.② 31.③ 32.② 33.① 34.④
35.③ 36.③ 37.④ 38.② 39.④ 40.④ 41.① 42.② 43.③ 44.④ 45.① 46.④ 47.③ 48.② 49.② 50.③

③회 심화학습문제 (123~125쪽)

1.① 2.③ 3.② 4.④ 5.① 6.② 7.④ 8.③ 9.① 10.④ 11.② 12.② 13.① 14.③ 15.④ 16.③ 17.① 18.④
19.② 20.③ 21.① 22.② 23.④ 24.③ 25.③ 26.④ 27.① 28.① 29.④ 30.② 31.③ 32.② 33.① 34.④
35.③ 36.③ 37.① 38.② 39.④ 40.④ 41.① 42.② 43.③ 44.④ 45.① 46.③ 47.② 48.① 49.③ 50.④

④회 심화학습문제 (126~128쪽)

1.② 2.① 3.⑤ 4.⑥ 5.④ 6.④ 7.⑦ 8.⑩ 9.⑨ 10.⑧ 11.⑥ 12.⑦ 13.⑤ 14.① 15.② 16.④ 17.③ 18.⑨
19.⑧ 20.⑩ 21.④ 22.① 23.② 24.③ 25.② 26.④ 27.① 28.① 29.④ 30.② 31.④ 32.② 33.① 34.④
35.③ 36.④ 37.④ 38.② 39.④ 40.④ 41.① 42.② 43.③ 44.④ 45.③ 46.② 47.① 48.② 49.③
50.④

⑤회 심화학습문제 (129~131쪽)

1.③ 2.② 3.② 4.④ 5.① 6.② 7.④ 8.③ 9.① 10.④ 11.③ 12.② 13.① 14.③ 15.④ 16.③ 17.① 18.④
19.① 20.④ 21.④ 22.③ 23.② 24.① 25.① 26.④ 27.① 28.① 29.④ 30.③ 31.② 32.① 33.④ 34.③
35.② 36.④ 37.① 38.② 39.④ 40.② 41.④ 42.① 43.③ 44.② 45.② 46.① 47.③ 48.② 49.① 50.④

■ 다음 물음에 맞는 답의 번호를 골라 답안지의 해당
  답란에 표시하시오.

※ 한자의 훈음으로 바른 것을 고르시오.

1. 各 (④) ①과목 과   ②기   기
              ③빛   광   ④각각   각
[설명] ◎科(과목 과), 旗(기 기), 光(빛 광).

2. 米 (④) ①농사 농   ②일만   만
              ③학교 교   ④쌀   미
[설명] ◎農(농사 농), 萬(일만 만), 校(학교 교).

3. 多 (②) ①대답할 대   ②많을   다
              ③대답 답   ④겨울   동
[설명] ◎對(대답할 대), 答(대답 답), 冬(겨울 동).

4. 成 (①) ①이룰 성   ②심을   식
              ③멀   원   ④통할   통
[설명] ◎植(심을 식), 遠(멀 원), 通(통할 통).

5. 語 (③) ①낮   오   ②먹을   식
              ③말씀 어   ④말씀   언
[설명] ◎午(낮 오), 食(먹을 식), 言(말씀 언).

6. 作 (③) ①꽃   화   ②옷   의
              ③지을 작   ④성씨   성
[설명] ◎花(꽃 화), 衣(옷 의), 姓(성씨 성).

7. 意 (④) ①화할 화   ②한가지 동
              ③근본 본   ④뜻   의
[설명] ◎和(화할 화), 同(한가지 동), 本(근본 본).

8. 首 (②) ①때   시   ②머리   수
              ③보일 시   ④피   혈
[설명] ◎時(때 시), 示(보일 시), 血(피 혈).

9. 當 (④) ①나눌 반   ②마당   장
              ③성품 성   ④마땅할 당
[설명] ◎班(나눌 반), 場(마당 장), 性(성품 성).

10. 軍 (①) ①군사 군   ②밭   전
               ③지아비 부   ④일천   천
[설명] ◎田(밭 전), 夫(지아비 부), 千(일천 천).

※ 훈음에 맞는 한자를 고르시오.

11. 효도 효 (④) ①漢 ②黃 ③老 ④孝
[설명] ◎漢(한수 한), 黃(누를 황), 老(늙을 로).

12. 사이 간 (①) ①間 ②問 ③聞 ④門
[설명] ◎問(물을 문), 聞(들을 문), 門(문 문).

13. 다스릴 리 (③) ①利 ②弟 ③理 ④貝
[설명] ◎利(이로울 리), 弟(아우 제), 貝(조개 패).

14. 차례 번 (①) ①番 ②放 ③村 ④耳
[설명] ◎放(놓을 방), 村(마을 촌), 耳(귀 이).

15. 온전할 전 (④) ①前 ②央 ③命 ④全
[설명] ◎前(앞 전), 央(가운데 앙), 命(목숨 명).

16. 글 시 (③) ①新 ②行 ③詩 ④士
[설명] ◎新(새로울 신), 行(다닐 행), 士(선비 사).

17. 기를 육 (①) ①育 ②五 ③肉 ④明
[설명] ◎五(다섯 오), 肉(고기 육), 明(밝을 명).

18. 벗 우 (②) ①永 ②友 ③畫 ④犬
[설명] ◎永(길 영), 畫(낮 주), 犬(개 견).

19. 가까울 근 (②) ①巾 ②近 ③不 ④通
[설명] ◎巾(수건 건), 不(아니 불), 通(통할 통).

20. 없을 무 (②) ①牛 ②無 ③形 ④魚
[설명] ◎牛(소 우), 形(모양 형), 魚(물고기 어).

※ 물음에 알맞은 답을 고르시오.

21. "사람 인"에 "나무 목"을 합친 자로 '쉬다'는 뜻의
    한자는?   (④)
    ①木   ②男   ③植   ④休
[설명] ◎休(쉴 휴).

22. 밑줄 친 "十"의 독음이 <u>다른</u> 것은?   (①)
    ①<u>十</u>月   ②<u>十</u>萬   ③二<u>十</u>   ④<u>十</u>日
[설명] ◎十(십): 열, 열 번, 열 배, 전부, 일체, 완전, 열
    배하다 (십). ◎十月(시월): 한 해 열두 달 가운데 열
    째 달. 이는 활음조 현상에 의해 '十'의 독음이 '시'이
    다. ◎十萬(십만): 만의 열 배가 되는 수. 또는 그런
    수의. ◎二十(이십): 십의 두 배가 되는 수. ◎十日(십
    일): 그 달의 열째 날. 열 날. 이상은 모두 '十'의 독
    음이 '십'이다. ◎활음조: 듣기에 좋은 음질. 한 단어
    의 내부에서 또는 두 단어가 연속될 때에, 인접한 음
    소들 사이에 일어나는 변화로, 모음 조화나 자음 동
    화, 모음 충돌을 피하기 위한 매개 자음의 삽입 따위
    가 있다.

23. '百'을(를) 자전에서 찾을 때의 방법으로 바르지 <u>않</u>
    <u>은</u> 것은?   (①)
    ①부수로 찾을 때는 '一'부수 5획에서 찾는다.
    ②자음으로 찾을 때는 '백'음에서 찾는다.
    ③부수로 찾을 때는 '白' 부수 1획에서 찾는다.
    ④총획으로 찾을 때는 '6획'에서 찾는다.

[설명] ◎百(일백 백): 白(흰 백, 5획)부수의 1획, 총6획.

24. 밑줄 친 부분에 해당하는 한자가 잘못 쓰인 것은?
　　　　　　　　　　　　　　　　　(②)

①새로운 친구를 많이 <u>사귀</u>었다. : 交
②할머니께서 사시는 <u>마을</u>은 조그마한 곳이다. : 寸
③올해는 유달리 더운 <u>여름</u>이 될 거라고 하였다. : 夏
④약속은 <u>중요</u>해서 꼭 지키도록 해야 한다. : 重

[설명] ◎寸(마디 촌). 村(마을 촌).

25. '先'의 반의자는?　　　　　　　　(④)
　①東　　　②江　　　③足　　　④後
[설명] ◎先(먼저 선) ↔ 後(뒤 후).

26. '家'의 유의자는?　　　　　　　　(①)
　①室　　　②央　　　③字　　　④五
[설명] ◎家(집 가) = 室(집 실).

27. "□光石火"에서 □안에 들어갈 한자는? (②)
　①田　　　②電　　　③山　　　④耳
[설명] ◎電光石火(전광석화): 번갯불이나 부싯돌의 불
　이 번쩍거리는 것과 같이 매우 짧은 시간이나 매우
　재빠른 움직임 따위를 비유적으로 이르는 말.

※ 어휘의 독음이 바른 것을 고르시오.

28. 死色 (④) ①사활 ②살색 ③시읍 ④사색
[설명] ◎死色(사색): 죽은 사람처럼 창백한 얼굴빛.

29. 英才 (③) ①양촌 ②양재 ③영재 ④영수
[설명] ◎英才(영재): 뛰어난 재주. 또는 그런 사람.

30. 竹刀 (④) ①죽력 ②사도 ③죽림 ④죽도
[설명] ◎竹刀(죽도):「1」대칼. 대나무로 만든 칼.「2」
　　『운동』검도에 쓰는 기구. 네 가닥으로 쪼갠 대나무
　　를 묶어 칼 대신 쓴다.

31. 車道 (①) ①차도 ②만도 ③군도 ④민도
[설명] ◎車道(차도): 찻길. 사람이 다니는 길 따위와 구
　분하여 자동차만 다니게 한 길.

32. 頭部 (③) ①부수 ②두목 ③두부 ④부두
[설명] ◎頭部(두부):「1」동물의 머리가 되는 부분.
　　「2」어떤 물체의 위쪽 부분.

33. 海里 (③) ①매리 ②도리 ③해리 ④해수
[설명] ◎海里(해리): 거리의 단위. 바다 위나 공중에서
　긴 거리를 나타낼 때 쓴다. 1해리는 1,852미터에 해당
　하나 나라마다 약간의 차이를 보인다. 배의 속도를
　표시할 때는 시속 1해리를 1노트(knot)로 한다. 기호
　는 n mile.

34. 高等 (②) ①고중 ②고등 ③육중 ④육등
[설명] ◎高等(고등): 등급이나 수준, 정도 따위가 높음.

또는 그런 정도.

35. 農土 (④) ①농사 ②농부 ③황토 ④농토
[설명] ◎農土(농토): 농사짓는 땅.

※ 어휘의 뜻으로 알맞은 것을 고르시오.

36. 合班 (①)
　①두 학급 이상을 합침.　　②둘 이상이 함께 일함.
　③조개밥.　　　　　　　　④둘로 똑같이 나눈 것.

37. 母校 (③)
　①어머니가 학교에 다님.　②학교에 들어감.
　③자기가 다니거나 졸업한 학교.
　④어머니와 함께 다니던 학교.

※ 낱말을 한자로 바르게 쓴 것을 고르시오.

38. 동장: 한 동네의 우두머리.　　　　(①)
　①洞長　　②洞場　　③同場　　④同長

39. 대지: 대자연의 넓고 큰 땅.　　　　(②)
　①天地　　②大地　　③對地　　④冬地

※ 밑줄 친 어휘의 알맞은 독음을 고르시오.

40. 지원서에 이름, 나이, 현주소 등을 <u>記入</u>했다.
　　　　　　　　　　　　　　　　　(③)
　①일인　　②등재　　③기입　　④기록
[설명] ◎記入(기입): 수첩이나 문서 따위에 적어 넣음.

41. <u>民話</u>에는 서민의 의식이 반영되어 있다. (④)
　①인화　　②동화　　③언어　　④민화
[설명] ◎民話(민화): 민간에 전해 내려오는 옛날이야기.

42. <u>讀書</u>는 간접 경험의 가장 좋은 방법이다.(③)
　①문서　　②독회　　③독서　　④언어
[설명] ◎讀書(독서): 책을 읽음.

※ 다음 면에 계속

※ 밑줄 친 부분을 한자로 바르게 쓴 것을 고르시오.

43. 그녀의 꿈은 훌륭한 <u>가수</u>가 되는 것이다.(①)
　①歌手　　②旗手　　③左手　　④右手
[설명] ◎歌手(가수): 노래 부르는 것이 직업인 사람.

44. 고개를 넘자 그의 눈앞에는 드넓은 <u>평원</u>이 펼쳐졌
　다.　　　　　　　　　　　　　　(④)
　①午遠　　②午原　　③平遠　　④平原

[설명] ◎平原(평원): 평평한 들판.

※ 물음에 알맞은 답을 고르시오.

45. 앞 글자가 뒤 글자를 꾸며주는 어휘가 <u>아닌</u> 것은?
(④)

①火力   ②兄夫   ③人性   ④本末

[설명] ◎火力(화력, 불 화·힘 력): 불이 탈 때에 내는 열의 힘. ◎兄夫(형부, 맏 형·지아비 부): 언니의 남편을 이르거나 부르는 말. ◎人性(인성, 사람 인·성품 성): 사람의 성품. 이상은 모두 '수식관계'이다. ◎本末(본말, 근본 본·끝 말): 사물이나 일의 처음과 끝. 이는 상대(반대)뜻의 한자로 이루어진 '병렬관계'이다.

46. '來年'의 반의어는?
(①)

①去年   ②千年   ③主年   ④年年

[설명] ◎來年(내년): 올해의 바로 다음 해. ↔ ◎去年(거년): 지난 해. 이 해의 바로 앞의 해.

47. '方今'의 유의어는?
(①)

①今方   ②方方   ③西方   ④向方

[설명] ◎方今(방금)·今方(금방): 「1」말하고 있는 시점(時點)보다 바로 조금 전. 「2」말하고 있는 시점과 같은 때. 「3」말하고 있는 시점부터 바로 조금 후.

48. "自問自答"의 뜻이 문장에서 가장 알맞게 쓰인 것은?
(①)

①읽은 책에 대해서 혼자 <u>自問自答</u>해 보았다.
②오랜만에 만난 그와 <u>自問自答</u>했다.
③극히 짧은 순간을 <u>自問自答</u>이라 한다.
④<u>自問自答</u>은 자기 혼자 힘으로 한 살림을 이룩함을 이르는 말이다.

[설명] ◎自問自答(자문자답): 스스로 묻고 스스로 대답함.

49. 우리의 전통 놀이가 <u>아닌</u> 것은?
(①)

①다트놀이   ②연날리기   ③그네뛰기   ④숨바꼭질

[설명] ◎다트: 놀이의 하나. 시계의 눈금처럼 점수가 매겨져 있는 원반 모양의 과녁에 화살을 던져 맞힌 점수로 승패를 가린다. 영국인들이 즐겨 하는 경기.

50. 한자와 그 쓰는 순서를 설명한 것으로 바르지 <u>않은</u> 것은?
(②)

①小 : 가운데를 먼저 쓴다.
②女 : 가로획을 먼저 쓴다.
③三 : 위에서 아래로 쓴다.
④川 : 왼쪽에서 오른쪽으로 쓴다.

[설명] ◎女(여자 녀): 좌우로 꿰뚫은 획은 맨 나중에 쓴다.

♣ 수고하셨습니다.

실전대비문제

모|범|답|안 ②회

■ 다음 물음에 맞는 답의 번호를 골라 답안지의 해당 답란에 표시하시오.

※ 한자의 훈음으로 바른 것을 고르시오.

1. 交 (④) ①학교 교 ②머리 수
　　　　　　 ③살 주 ④사귈 교
[설명] ◎校(학교 교), 首(머리 수), 住(살 주).

2. 信 (②) ①귀신 신 ②믿을 신
　　　　　　 ③편안할 안 ④말씀 언
[설명] ◎神(귀신 신), 安(편안할 안), 言(말씀 언).

3. 時 (③) ①대답할 대 ②쓸 용
　　　　　　 ③때 시 ④마땅할 당
[설명] ◎對(대답할 대), 用(쓸 용), 當(마땅할 당).

4. 科 (①) ①과목 과 ②밤 야
　　　　　　 ③쌀 미 ④할아비 조
[설명] ◎夜(밤 야), 米(쌀 미), 祖(할아비 조).

5. 理 (②) ①마을 리 ②다스릴 리
　　　　　　 ③마을 촌 ④마당 장
[설명] ◎里(마을 리), 村(마을 촌), 場(마당 장).

6. 急 (③) ①기운 기 ②짧을 단
　　　　　　 ③급할 급 ④겨울 동
[설명] ◎氣(기운 기), 短(짧을 단), 冬(겨울 동).

7. 班 (①) ①나눌 반 ②지아비 부
　　　　　　 ③온전할 전 ④으뜸 원
[설명] ◎夫(지아비 부), 全(온전할 전), 元(으뜸 원).

8. 每 (④) ①물을 문 ②집 실
　　　　　　 ③꽃부리 영 ④매양 매
[설명] ◎問(물을 문), 室(집 실), 英(꽃부리 영).

9. 來 (②) ①이로울 리 ②올 래
　　　　　　 ③보일 시 ④새로울 신
[설명] ◎利(이로울 리), 示(보일 시), 新(새로울 신).

10. 竹 (③) ①열 개 ②벗 우
　　　　　　 ③대 죽 ④고기 육
[설명] ◎開(열 개), 友(벗 우), 肉(고기 육).

※ 훈음에 맞는 한자를 고르시오.

11. 볼 견 (④) ①示 ②元 ③貝 ④見
[설명] ◎示(보일 시), 元(으뜸 원), 貝(조개 패).

12. 갈 거 (①) ①去 ②詩 ③夜 ④言
[설명] ◎詩(글 시), 夜(밤 야), 言(말씀 언).

13. 빛 색 (②) ①首 ②色 ③室 ④英
[설명] ◎首(머리 수), 室(집 실), 英(꽃부리 영).

14. 줄 선 (④) ①育 ②電 ③前 ④線
[설명] ◎育(기를 육), 電(번개 전), 前(앞 전).

15. 화할 화 (④) ①老 ②住 ③話 ④和
[설명] ◎老(늙을 로), 住(살 주), 話(말씀 화).

16. 읽을 독 (④) ①番 ②聞 ③意 ④讀
[설명] ◎番(차례 번), 聞(들을 문), 意(뜻 의).

17. 걸음 보 (②) ①朝 ②步 ③夏 ④位
[설명] ◎朝(아침 조), 夏(여름 하), 位(자리 위).

18. 평평할 평 (③) ①半 ②安 ③平 ④全
[설명] ◎半(절반 반), 安(편안할 안), 全(온전할 전).

19. 풀 초 (③) ①花 ②歌 ③草 ④田
[설명] ◎花(꽃 화), 歌(노래 가), 田(밭 전).

20. 기 기 (①) ①旗 ②場 ③央 ④己
[설명] ◎場(마당 장), 央(가운데 앙), 己(몸 기).

※ 물음에 알맞은 답을 고르시오.

21. '칼의 모양'을 본떠 만든 한자는? (①)
①刀　　②用　　③力　　④巾
[설명] ◎刀(칼 도).

22. "青年"에서 밑줄 친 '年'의 훈음으로 알맞은 것은?
(③)
①해 년 ②그럴 연 ③나이 년 ④끌 연
[설명] ◎年(년, 연·녕, 영): 나이, 해, 때, 시대, 새해, 신년, 연령, 잘 익은 오곡, 콧마루, 사격의 하나, 사람 이름, 익다, 오곡이 잘 익다. (년, 연) / 아첨하다 (녕, 영). ◎青年(청년):「1」신체적·정신적으로 한창 성장하거나 무르익은 시기에 있는 사람.「2」성년 남자.

23. '休'을(를) 자전에서 찾을 때의 방법으로 바르지 않은 것은? (①)
①부수로 찾을 때는 '木' 부수 2획에서 찾는다.
②자음으로 찾을 때는 '휴'음에서 찾는다.
③부수로 찾을 때는 '人'부수 4획에서 찾는다.
④총획으로 찾을 때는 '6획'에서 찾는다.
[설명] ◎休(쉴 휴): 人(사람 인, 2획)부수의 4획, 총6획.

24. 밑줄 친 부분에 해당하는 한자가 잘못 쓰인 것은?
(②)

①그는 근본이 좋은 사람이다. : 本
②풀잎에 구슬 같은 이슬방울이 맺혀 있다. : 王
③축구공을 발로 차다. : 足

④상처가 깊어 피가 그치지 않는다. : 血
[설명] ◎王(임금 왕), 玉(구슬 옥).

25. '南'의 반의자는?　　　　　　　　　(④)
①東　　　②西　　　③四　　　④北
[설명] ◎南(남녘 남) ↔ 北(북녘 북).

26. '永'의 유의자는?　　　　　　　　　(①)
①遠　　　②老　　　③半　　　④番
[설명] ◎永(길, 멀 영) = 遠(멀 원).

27. "白面□生"에서 □안에 들어갈 한자는? (③)
①樂　　　②末　　　③書　　　④米
[설명] ◎白面書生(백면서생): 한갓 글만 읽고 세상일에
　　는 전혀 경험이 없는 사람.

※ 어휘의 독음이 바른 것을 고르시오.

28. 死地 (②) ①석지 ②사지 ③석토 ④사토
[설명] ◎死地(사지):「1」죽을 곳. 또는 죽어야 할 장
　　소.「2」죽을 지경의 매우 위험하고 위태한 곳.

29. 秋夕 (③) ①화석 ②화일 ③추석 ④추일
[설명] ◎秋夕(추석): 우리나라 명절의 하나. 음력 팔월
　　보름날이다. 신라의 가배(嘉俳)에서 유래하였다고 하
　　며, 햅쌀로 송편을 빚고 햇과일 따위의 음식을 장만
　　하여 차례를 지낸다.

30. 字形 (④) ①자성 ②우성 ③자영 ④자형
[설명] ◎字形(자형): 글자의 모양.

31. 別命 (②) ①단명 ②별명 ③도명 ④운명
[설명] ◎別命(별명): 별도의 명령.

32. 間食 (④) ①야식 ②일식 ③후식 ④간식
[설명] ◎間食(간식): 끼니와 끼니 사이에 음식을 먹음.
　　또는 그 음식.

33. 海外 (④) ①회외 ②매외 ③해석 ④해외
[설명] ◎海外(해외):「1」바다의 밖.「2」바다 밖의 다
　　른 나라.

34. 漢江 (②) ①한공 ②한강 ③항공 ④탄강
[설명] ◎漢江(한강): 우리나라 중부를 흐르는 강. 태백
　　산맥에서 시작하여 황해로 흘러든다. 북한강·남한강
　　의 두 물줄기가 남양주시에서 합류하며, 이 유역은
　　삼국 시대부터 중요시되어 왔다. 길이는 494.44km.

35. 敎主 (①) ①교주 ②훈주 ③혼주 ④교시
[설명] ◎敎主(교주):「1」『불교』'석가모니'를 높여 이
　　르는 말.「2」『종교』어떤 종교나 종파를 처음 세운
　　사람.「3」『종교』한 종교 단체의 우두머리.

※ 어휘의 뜻으로 알맞은 것을 고르시오.

36. 人中 (④)

①사람의 몸통.　　　②눈썹과 눈썹 사이.
③사람의 얼굴.
④코와 윗입술 사이에 오목하게 골이 진 곳.

37. 共有 (④)
①공중과 지상.　　　②국가의 소유.
③아무것도 없이 비어 있음.
④두 사람 이상이 한 물건을 공동으로 소유함.

※ 낱말을 한자로 바르게 쓴 것을 고르시오.

38. 일기: 날마다 그날그날 겪은 일이나 생각, 느낌 따
　　위를 적는 개인의 기록.　　　　　　(①)
①日記　　②一氣　　③日氣　　④一記

39. 부문: 일정한 기준에 따라 분류하거나 나누어 놓은
　　낱낱의 범위나 부분.　　　　　　　(④)
①部問　　②音門　　③音問　　④部門

※ 밑줄 친 어휘의 알맞은 독음을 고르시오.

40. 이 植物은(는) 이른봄에 싹이 튼다.　(②)
①물주　　②식물　　③직물　　④식목
[설명] ◎植物(식물): 생물계의 두 갈래 가운데 하나. 대
　　체로 이동력이 없고 체제가 비교적 간단하여 신경과
　　감각이 없고 셀룰로스를 포함한 세포벽과 세포막이
　　있다. 세균식물이나 균류를 제외하고는 일반적으로
　　엽록소를 가지고 있어 광합성으로 영양을 보충하고
　　꽃과 홀씨주머니 따위의 생식 기관이 있다. 종자식물,
　　양치식물, 선태식물, 균류, 조류(藻類), 세균식물 따위
　　로 분류한다.

41. 그는 대학교에서 學生들에게 역사를 강의한다.
　　　　　　　　　　　　　　　　　　(③)

①학도　　②학우　　③학생　　④교생
[설명] ◎學生(학생):「1」학예를 배우는 사람.「2」학교
　　에 다니면서 공부하는 사람.「3」생전에 벼슬을 하지
　　아니하고 죽은 사람의 명정, 신주, 지방 따위에 쓰는
　　존칭.「4」『역사』신라 때에, 국학에서 가르침을 받
　　던 사람.

42. 아침에 맑던 하늘이 午後이(가) 되면서 흐려졌다.
　　　　　　　　　　　　　　　　　　(②)

①오준　　②오후　　③우후　　④우준
[설명] ◎午後(오후):「1」정오(正午)부터 밤 열두 시까
　　지의 시간.「2」정오부터 해가 질 때까지의 동안.

※ 다음 면에 계속

※ 밑줄 친 부분을 한자로 바르게 쓴 것을 고르시오.

43. 정부는 <u>시민</u>들의 의견을 적극 반영하는 정책을 펴야한다. (③)

①巾内　　②中民　　③市民　　④市内

[설명] ◎市民(시민):「1」그 시(市)에 사는 사람.「2」『역사』서울 백각전(百各廛)의 상인들.「3」지방 자치 단체의 주민 가운데 일정한 자격 요건을 구비하고 그 자치 단체의 공무(公務)에 참여할 권리와 의무를 가진 사람.

44. 삼촌께서 사주신 세계<u>명작</u>동화를 읽었다.(③)

①各作　　②夕作　　③名作　　④冬作

[설명] ◎名作(명작): 이름난 훌륭한 작품.

※ 물음에 알맞은 답을 고르시오.

45. 유의자로 이루어진 어휘는? (②)

①父母　　②明白　　③左右　　④强弱

[설명] ◎父母(부모, 아버지 부·어머니 모): 아버지와 어머니를 아울러 이르는 말. ◎左右(좌우, 왼 좌·오른 우): 왼쪽과 오른쪽을 아울러 이르는 말. ◎强弱(강약, 강할 강·약할 약): 강하고 약함. 또는 그런 정도. 이상은 모두 서로 상대(반대)뜻의 한자로 이루어진 '대립병렬관계'이다. ◎明白(명백, 밝을 명·흰 백): 의심할 것 없이 아주 뚜렷하고 환함. 이는 서로 비슷한 뜻의 한자로 이루어진 '유사병렬관계'이다.

46. '高手'의 유의어는? (③)

①英手　　②中手　　③上手　　④先手

[설명] ◎高手(고수): 어떤 분야나 집단에서 기술이나 능력이 매우 뛰어난 사람. = ◎上手(상수): 남보다 뛰어난 수나 솜씨. 또는 그런 수나 솜씨를 가진 사람.

47. '入力'의 반의어는? (④)

①馬力　　②力士　　③力入　　④出力

[설명] ◎入力(입력):「1」『물리』전기적·기계적 에너지를 발생 또는 변환하는 장치가 단위 시간 동안 받은 에너지의 양(量).「2」『컴퓨터』문자나 숫자를 컴퓨터가 기억하게 하는 일. ↔ ◎出力(출력):「1」『물리』원동기, 펌프 따위 기계나 장치가 입력을 받아 외부로 해낼 수 있는 일의 양.「2」『컴퓨터』컴퓨터 따위의 기기(機器)나 장치가 입력을 받아 일을 하고 외부로 결과를 내는 일. 또는 그 결과.

48. "東西古今"의 속뜻으로 알맞은 것은? (②)

①고향과 타향.　　②동·서양과 예와 지금.

③서양문화와 동양문화.　　④먼 옛날.

[설명] ◎東西古今(동서고금): 동양과 서양, 옛날과 지금을 통틀어 이르는 말.

49. 우리의 민속 명절이 <u>아닌</u> 것은? (①)

①성탄절　　②대보름　　③단오　　④한식

[설명] ◎성탄절: 12월 24일부터 1월 6일까지 예수의 성탄을 축하하는 명절. 우리나라에서는 12월 25일을 공휴일로 하고 있다. ◎대보름: 음력 정월 보름날을 명절로 이르는 말. 새벽에 귀밝이술을 마시고 부럼을 깨물며 약밥, 오곡밥 따위를 먹는다. ◎단오: 우리나라 명절의 하나. 음력 5월 5일로, 단오떡을 해 먹고 여자는 창포물에 머리를 감고 그네를 뛰며 남자는 씨름을 한다. ◎한식: 우리나라 명절의 하나. 동지에서 105일째 되는 날로서 4월 5일이나 6일쯤이 되며, 민간에서는 조상의 산소를 찾아 제사를 지내고 사초(莎草)하는 등 묘를 돌아본다.

50. 우리의 평소 행동으로 바르지 <u>못한</u> 것은?(④)

①친구들과 사이좋게 지낸다.

②웃어른을 공경하며 인사를 잘 한다.

③외출 할 때는 부모님께 꼭 알린다.

④먹을 것이 생기면 욕심내어 많이 먹으려 한다.

♣ 수고하셨습니다.

■ 다음 물음에 맞는 답의 번호를 골라 답안지의 해당 답란에 표시하시오.

※ 한자의 훈음으로 바른 것을 고르시오.

1. 線 (③)　①무리　등　②곧을　직
　　　　　　　　③줄　선　④물을　문
[설명] ◎等(무리 등), 直(곧을 직), 問(물을 문).

2. 邑 (③)　①고을　동　②집　실
　　　　　　　　③고을　읍　④세상　세
[설명] ◎洞(고을 동), 室(집 실), 世(세상 세).

3. 詩 (③)　①셀　계　②일　사
　　　　　　　　③글　시　④성씨　성
[설명] ◎計(셀 계), 事(일 사), 姓(성씨 성).

4. 朝 (③)　①오를　등　②귀신　신
　　　　　　　　③아침　조　④일만　만
[설명] ◎登(오를 등), 神(귀신 신), 萬(일만 만).

5. 英 (②)　①아니　불　②꽃부리　영
　　　　　　　　③가까울　근　④임금　왕
[설명] ◎不(아니 불), 近(가까울 근), 王(임금 왕).

6. 教 (③)　①집　가　②나눌　분
　　　　　　　　③가르칠　교　④쉴　휴
[설명] ◎家(집 가), 分(나눌 분), 休(쉴 휴).

7. 共 (①)　①함께　공　②머리　두
　　　　　　　　③볼　견　④한가지　동
[설명] ◎頭(머리 두), 見(볼 견), 同(한가지 동).

8. 所 (②)　①갈　거　②바　소
　　　　　　　　③강할　강　④멀　원
[설명] ◎去(갈 거), 強(강할 강), 遠(멀 원).

9. 番 (③)　①온전할　전　②무거울　중
　　　　　　　　③차례　번　④먼저　선
[설명] ◎全(온전할 전), 重(무거울 중), 先(먼저 선).

10.示 (③)　①물　수　②주인　주
　　　　　　　　③보일　시　④기운　기
[설명] ◎水(물 수), 主(주인 주), 氣(기운 기).

※ 훈음에 맞는 한자를 고르시오.

11. 믿을　신 (③)　①見 ②直 ③信 ④己
[설명] ◎見(볼 견), 直(곧을 직), 己(몸 기).

12. 나눌　구 (①)　①區 ②班 ③竹 ④内
[설명] ◎班(나눌 반), 竹(대 죽), 内(안 내).

13. 조개　패 (③)　①前 ②安 ③貝 ④自
[설명] ◎前(앞 전), 安(편안할 안), 自(스스로 자).

14. 약할　약 (①)　①弱 ②方 ③步 ④強
[설명] ◎方(모 방), 步(걸음 보), 強(강할 강).

15. 통할　통 (③)　①等 ②全 ③通 ④光
[설명] ◎等(무리 등), 全(온전할 전), 光(빛 광).

16. 한수　한 (②)　①家 ②漢 ③萬 ④老
[설명] ◎家(집 가), 萬(일만 만), 老(늙을 로).

17. 지을　작 (②)　①計 ②作 ③登 ④室
[설명] ◎計(셀 계), 登(오를 등), 室(집 실).

18. 각각　각 (④)　①左 ②去 ③右 ④各
[설명] ◎左(왼 좌), 去(갈 거), 右(오른 우).

19. 마땅할　당 (①)　①當 ②石 ③頭 ④長
[설명] ◎石(돌 석), 頭(머리 두), 長(긴 장).

20. 다스릴　리 (④)　①牛 ②神 ③今 ④理
[설명] ◎牛(소 우), 神(귀신 신), 今(이제 금).

※ 물음에 알맞은 답을 고르시오.

21. "입을 벌리고 노래를 부른다"는 데서 '노래하다, 읊조리다'의 뜻을 나타내는 한자는?　　(③)
①成 ②樂 ③歌 ④科
[설명] ◎歌(노래 가).

22. 밑줄 친 '力'의 독음이 <u>다른</u> 것은?　　(②)
①水力 ②力士 ③馬力 ④重力
[설명] ◎力(력·역): 힘, 하인(下人), 일꾼, 인부(人夫), 군사(軍士), 병사(兵士), 힘쓰다, 부지런히 일하다, 심하다, 어렵다, 매우 힘들다, 힘주다, 있는 힘을 다하여, 애써. ◎水力(수력):「1」흐르거나 떨어지는 물의 힘.「2」『물리』물이 가지고 있는 운동 에너지나 위치 에너지를 어떤 일에 이용하였을 때의 동력. ◎馬力(마력): 동력이나 단위 시간당 일의 양을 나타내는 실용 단위. 말 한 마리의 힘에 해당하는 일의 양이다. 1마력은 1초당 746줄(joule)에 해당하는 노동량으로 746와트의 전력에 해당한다. 기호는 hp. ◎重力(중력): 지구 위의 물체가 지구로부터 받는 힘. 지구와 물체 사이의 만유인력과 지구의 자전에 따른 물체의 구심력을 합한 힘으로, 그 크기는 지구 위의 장소에 따라 다소 차이가 나며, 적도 부근이 가장 작다. 이상은 모두 '力'의 독음이 '력'이다. ◎力士(역사): 뛰어나게 힘이 센 사람. 이는 '力'의 독음이 '역'이다.

실전대비문제 **모|범|답|안** ③회

23. '對'을(를) 자전에서 찾을 때의 방법으로 바르지 **않**은 것은? (①)
①부수로 찾을 때는 '土'부수 11획에서 찾는다.
②부수로 찾을 때는 '寸'부수 11획에서 찾는다.
③총획으로 찾을 때는 '14획'에서 찾는다.
④자음으로 찾을 때는 '대'음에서 찾는다.
[설명] ◎對(대답할 대): 寸(마디 촌, 3획)부수의 11획, 총14획.

24. 밑줄 친 부분에 해당하는 한자가 **잘못** 쓰인 것은? (④)
①흐르는 땀을 <u>수건</u>으로 닦았다. : 巾
②<u>푸른</u> 하늘에 구름이 한 점도 없다. : 靑
③오늘은 <u>할아버지</u>의 생신이다. : 祖
④내가 서 있는 <u>자리</u>에 볕이 들었다. : 효
[설명] ◎효(설 립), 位(자리 위).

25. '老'의 반의자는? (④)
①小 ②毛 ③火 ④少
[설명] ◎老(늙을 로) ↔ 少(적을, 젊을 소).

26. '江'의 유의자는? (②)
①天 ②川 ③金 ④安
[설명] ◎江(강 강) = 川(내 천).

27. "□聞□讀"에서 □안에 들어갈 한자는? (④)
①每 ②目 ③室 ④多
[설명] ◎多聞多讀(다문다독): 많이 듣고, 많이 읽음.

※ 어휘의 독음이 바른 것을 고르시오.

28. 黃土 (③) ①광해 ②광사 ③황토 ④황사
[설명] ◎黃土(황토): 「1」 누렇고 거무스름한 흙. 「2」 저승. 「3」 『지리』 대륙의 내부에서 풍화로 부서진 암석의 미세한 알갱이들이 바람에 날려 와 쌓인 흙. 누런빛이나 누런 갈색을 띠며 중국의 북쪽, 특히 황허 강 유역과 유럽, 북아메리카 등지에 분포한다.

29. 海里 (③) ①매리 ②도리 ③해리 ④해수
[설명] ◎海里(해리): 거리의 단위. 바다 위나 공중에서 긴 거리를 나타낼 때 쓴다. 1해리는 1,852미터에 해당하나 나라마다 약간의 차이를 보인다. 배의 속도를 표시할 때는 시속 1해리를 1노트(knot)로 한다. 기호는 n mile.

30. 女功 (④) ①녀력 ②여력 ③녀공 ④여공
[설명] ◎女功(여공): 예전에, 부녀자들이 하던 길쌈질.

31. 農夫 (③) ①전부 ②농민 ③농부 ④진부
[설명] ◎農夫(농부): 농사짓는 일을 직업으로 하는 사람.

32. 百色 (③) ①일색 ②흰색 ③백색 ④주색
[설명] ◎百色(백색): 여러 가지 특색.

33. 北村 (③) ①북목 ②비촌 ③북촌 ④비목
[설명] ◎北村(북촌): 「1」 북쪽에 있는 마을. 「2」 조선 시대에, 서울 안에서 북쪽으로 치우쳐 있는 마을들을 통틀어 이르던 말.

34. 孝親 (③) ①효견 ②노신 ③효친 ④로현
[설명] ◎孝親(효친): 부모에게 효도함.

35. 市場 (①) ①시장 ②거장 ③거당 ④식장
[설명] ◎市場(시장): 「1」 여러 가지 상품을 사고파는 일정한 장소. 「2」 『경제』 상품으로서의 재화와 서비스의 거래가 이루어지는 추상적인 영역.

※ 어휘의 뜻으로 알맞은 것을 고르시오.

36. 民意 (④)
①백성의 의사가 반영이 안 됨.
②신하는 의리가 있어야 함.
③의지가 강한 사람. ④국민의 의사.
[설명] ◎民(백성 민), 意(뜻 의).

37. 名分 (②)
①성급한 믿음. ②내세우는 이유나 구실.
③이름이 간단명료함. ④분명하게 이야기 함.
[설명] ◎名(이름 명), 分(나눌 분).

※ 낱말을 한자로 바르게 쓴 것을 고르시오.

38. 후기: 뒷날의 기록. 덧붙여 기록함. (③)
①後己 ②後氣 ③後記 ④後代

39. 영주: 한곳에 오래 삶. (④)
①水主 ②永主 ③水住 ④永住

※ 밑줄 친 어휘의 알맞은 독음을 고르시오.

40. 이력서에는 연령, <u>性別</u>, 연락처를 기재해야 한다. (④)
①성명 ②성분 ③성질 ④성별
[설명] ◎性別(성별): 남녀나 암수의 구별.

41. 제품의 <u>外形</u>으로 볼 때는 별 문제가 없어 보인다. (④)
①신형 ②내형 ③구형 ④외형
[설명] ◎外形(외형): 「1」 사물의 겉모양. 「2」 겉으로 드러난 형세.

42. 집에 새로 <u>電話</u>을(를) 놓았다. (④)
①집설 ②전자 ③독해 ④전화
[설명] ◎電話(전화): 「1」 전화기를 이용하여 말을 주고 받음. 「2」 전화기.

실전대비문제 **모|범|답|안** ③회

※ 다음 면에 계속

※ 밑줄 친 부분을 한자로 바르게 쓴 것을 고르시오.

43. <u>차도</u>로 걸어 다니는 것은 위험한 일이다.(②)
　①車馬　　②車道　　③馬車　　④道車
[설명] ◎車道(차도): 찻길. 사람이 다니는 길 따위와 구분하여 자동차만 다니게 한 길.

44. 아침 <u>식사</u>로 빵과 우유를 먹는 사람이 늘고 있다.
　　　　　　　　　　　　　　　　　(④)
　①夕士　　②石事　　③食士　　④食事
[설명] ◎食事(식사): 끼니로 음식을 먹음. 또는 그 음식.

※ 물음에 알맞은 답을 고르시오.

45. 앞 글자가 뒤 글자를 꾸며주는 어휘는? (②)
　①男女　　②西山　　③遠近　　④言語
[설명] ◎男女(남녀, 사내 남·여자 녀): 남자와 여자를 아울러 이르는 말. ◎遠近(원근, 멀 원·가까울 근): 「1」멀고 가까움. 「2」먼 곳과 가까운 곳. 또는 그곳의 사람. 이상은 서로 반대되는 뜻의 한자로 이루어진 '상대병렬관계'이다. ◎言語(언어, 말씀 언·말씀 어): 생각, 느낌 따위를 나타내거나 전달하는 데에 쓰는 음성, 문자 따위의 수단. 또는 그 음성이나 문자 따위의 사회 관습적인 체계. 이는 서로 비슷한 뜻의 한자로 이루어진 '유사병렬관계'이다. ◎西山(서산, 서녘 서·뫼 산): 서쪽에 있는 산. 이는 앞 글자가 뒤 글자를 꾸며주는 '수식관계'이다.

46. '明年'의 유의어는? (③)
　①同年　　②末年　　③來年　　④今年
[설명] ◎明年(명년): 올해의 다음. = ◎來年(내년): 올해의 바로 다음 해.

47. '上衣'의 반의어는? (④)
　①白衣　　②靑衣　　③內衣　　④下衣
[설명] ◎上衣(상의): 윗옷. 위에 입는 옷. ↔ ◎下衣(하의): 아래옷. 아래에 입는 옷.

48. "不老長生"의 속뜻으로 알맞은 것은? (①)
　①늙지 않고 오래 삶. ②늙은 사람과 젊은 사람.
　③나이든 사람의 현명한 판단력.
　④젊은 사람의 생명력.
[설명] ◎不老長生(불로장생): 늙지 아니하고 오래 삶.

49. 설날이라 하며 "차례지내기, 떡국 먹기, 세배, 성묘" 등이 행해지는 고유 명절은? (②)

①단오　②원일　③추석　④상원
[설명] ◎元日(원일): 설날. 우리나라 명절의 하나. 정월 초하룻날이다.

50. 父母님께 효도하는 방법으로 바르지 <u>않은</u> 것은?
　　　　　　　　　　　　　　　　　(④)
①자신의 몸을 소중히 여긴다.
②사회에 꼭 필요한 사람이 된다.
③마음가짐을 바르게 한다.
④용돈을 많이 달라고 떼를 쓴다.

♣ 수고하셨습니다.

실전대비문제 **모|범|답|안** 4회

■ 다음 물음에 맞는 답의 번호를 골라 답안지의 해당 답란에 표시하시오.

※ 한자의 훈음으로 바른 것을 고르시오.

1. 家 (③)   ①집 실   ②글자 자
             ③집 가   ④빌 공
[설명] ◎室(집 실), 字(글자 자), 空(빌 공).

2. 强 (③)   ①약할 약   ②은 은
             ③강할 강   ④성씨 성
[설명] ◎弱(약할 약), 銀(은 은), 姓(성씨 성).

3. 草 (①)   ①풀 초   ②즐거울 락
             ③무리 등   ④군사 군
[설명] ◎樂(즐거울 락), 等(무리 등), 軍(군사 군).

4. 去 (④)   ①주인 주   ②평평할 평
             ③구슬 옥   ④갈 거
[설명] ◎主(주인 주), 平(평평할 평), 玉(구슬 옥).

5. 洞 (②)   ①강 강   ②고을 동
             ③앞 전   ④물을 문
[설명] ◎江(강 강), 前(앞 전), 問(물을 문).

6. 老 (③)   ①효도 효   ②빛 광
             ③늙을 로   ④아우 제
[설명] ◎孝(효도 효), 光(빛 광), 弟(아우 제).

7. 植 (①)   ①심을 식   ②몸 신
             ③곧을 직   ④물건 물
[설명] ◎身(몸 신), 直(곧을 직), 物(물건 물).

8. 原 (②)   ①급할 급   ②언덕 원
             ③일 사   ④긴 장
[설명] ◎急(급할 급), 事(일 사), 長(긴 장).

9. 肉 (③)   ①피 혈   ②빛 색
             ③고기 육   ④낯 면
[설명] ◎血(피 혈), 色(빛 색), 面(낯 면).

10. 春 (③)   ①차례 번   ②머리 수
             ③봄 춘   ④농사 농
[설명] ◎番(차례 번), 首(머리 수), 農(농사 농).

※ 훈음에 맞는 한자를 고르시오.

11. 노래 가 (④) ①步 ②白 ③神 ④歌
[설명] ◎步(걸음 보), 白(흰 백), 神(귀신 신).

12. 공 공 (①) ①功 ②利 ③時 ④川
[설명] ◎利(이로울 리), 時(때 시), 川(내 천).

13. 가을 추 (④) ①林 ②放 ③社 ④秋
[설명] ◎林(수풀 림), 放(놓을 방), 社(모일 사).

14. 가까울 근 (①) ①近 ②竹 ③遠 ④同
[설명] ◎竹(대 죽), 遠(멀 원), 同(한가지 동).

15. 벗 우 (①) ①友 ②女 ③右 ④太
[설명] ◎女(여자 녀), 右(오른 우), 太(클 태).

16. 보일 시 (②) ①位 ②示 ③半 ④左
[설명] ◎位(자리 위), 半(절반 반), 左(왼 좌).

17. 사귈 교 (①) ①交 ②父 ③永 ④六
[설명] ◎父(아버지 부), 永(길 영), 六(여섯 륙).

18. 낮 오 (①) ①午 ②工 ③五 ④刀
[설명] ◎工(장인 공), 五(다섯 오), 刀(칼 도).

19. 무거울 중 (④) ①理 ②書 ③便 ④重
[설명] ◎理(다스릴 리), 書(글 서), 便(편할 편).

20. 겨울 동 (②) ①央 ②冬 ③末 ④今
[설명] ◎央(가운데 앙), 末(끝 말), 今(이제 금).

※ 물음에 알맞은 답을 고르시오.

21. '밭 전'에 '힘 력'을 합친 자로, 논이나 밭을 가는 사람, 즉 '남자'를 뜻하는 한자는? (③)
①里   ②田   ③男   ④百
[설명] ◎男(사내 남).

22. "**見本**"에서 밑줄 친 '見'의 훈음으로 가장 알맞은 것은? (③)
①빌 현   ②소개할 현   ③볼 견   ④조개 패
[설명] ◎見(견·현): 보다, 보이다, 당하다, 견해 (견) / 뵙다, 나타나다, 드러나다, 보이다, 소개하다, 만나다, 현재, 지금 (현). ◎見本(견본): 전체 상품의 품질이나 상태 따위를 알아볼 수 있도록 본보기로 보이는 물건. 본보기.

23. '區'을(를) 자전에서 찾을 때의 방법으로 바르지 않은 것은? (④)
①자음으로 찾을 때는 '구'음에서 찾는다.
②부수로 찾을 때는 'ㄷ부수 9획'에서 찾는다.
③총획으로 찾을 때는 '11획'에서 찾는다.
④부수로 찾을 때는 'ㅁ부수 8획'에서 찾는다.
[설명] ◎區(나눌 구): ㄷ(감출 혜, 2획)부수의 9획, 총11획.

24. 밑줄 친 부분에 해당하는 한자가 잘못 쓰인 것은? (③)

①물음에 대한 <u>답</u>은 크게 말한다. : 答

실전대비문제

모|범|답|안 ④회

②할머니는 가까운 동네에 <u>사신다</u>. : 住
③작은 아버지께서는 서울에 사신다. : 衣
④새학기를 맞아 2학년 2반이 되었다. : 班
[설명] ◎京(서울 경), 衣(옷 의).

25. '首'의 유의자는? (②)
①足　　②頭　　③己　　④手
[설명] ◎首(머리 수) = 頭(머리 두).

26. '晝'의 반의자는? (①)
①夜　　②時　　③文　　④晝
[설명] ◎晝(낮 주) ↔ 夜(밤 야).

27. "매우 많은 것 가운데 극히 적은 수"를 이르는 '九
□一毛'에서 □안에 들어갈 한자는? (④)
①羊　　②十　　③馬　　④牛
[설명] ◎九牛一毛(구우일모): 아홉 마리의 소 가운데
박힌 하나의 털이란 뜻으로, 매우 많은 것 가운데 극
히 적은 수를 이르는 말.

※ 어휘의 독음이 바른 것을 고르시오.

28. 名詩 (③) ①명론 ②고론 ③명시 ④고시
[설명] ◎名詩(명시): 이름난 시. 또는 아주 잘 지은 시.

29. 光線 (①) ①광선 ②선선 ③광야 ④광사
[설명] ◎光線(광선): 「1」빛의 줄기. 「2」『물리』빛 에
너지가 전파되는 경로를 나타내는 선. 직선이다.

30. 米作 (②) ①이작 ②미작 ③이곡 ④미곡
[설명] ◎米作(미작): 벼농사.

31. 海南 (①) ①해남 ②해면 ③강남 ④강면
[설명] ◎海南(해남): 전라남도 해남군에 있는 읍. 교통
요충지이며, 상업이 발달하였다. 군청 소재지이다. 면
적은 62.29㎢.

32. 和親 (①) ①화친 ②화구 ③온화 ④양친
[설명] ◎和親(화친): 「1」서로 의좋게 지내는 정분.
「2」나라와 나라 사이에 다툼 없이 가까이 지냄.

33. 電車 (④) ①풍차 ②전거 ③중거 ④전차
[설명] ◎電車(전차): 공중에 설치한 전선으로부터 전력
을 공급받아 지상에 설치된 궤도 위를 다니는 차.

34. 來月 (③) ①래월 ②내일 ③내월 ④래목
[설명] ◎來月(내월): 이달의 바로 다음 달.

35. 等高 (④) ①답고 ②등향 ③답향 ④등고
[설명] ◎等高(등고): 높이가 같음.

※ 어휘의 뜻으로 알맞은 것을 고르시오.

36. 多讀 (③)

①물건을 많이 팜.　　②글 등을 많이 지음.
③책을 많이 읽음.　　④책의 소중함.
[설명] ◎多(많을 다), 讀(읽을 독).

37. 内部 (④)
①적어 넣음.　　②안과 바깥.
③중요한 자리에 뽑아 씀.
④어떤 조직에 속하는 범위 안.
[설명] ◎内(안 내), 部(거느릴 부).

※ 낱말을 한자로 바르게 쓴 것을 고르시오.

38. 성별: 남녀 또는 암수의 구별. (④)
①姓別　　②性利　　③姓利　　④性別

39. 선금: 무엇을 사거나 세낼 때에 먼저 치르는 돈.
(③)
①千金　　②出金　　③先金　　④大金

※ 밑줄 친 어휘의 알맞은 독음을 고르시오.

40. 내가 좋아하는 <u>科目</u>은(는) 국어와 수학이다.
(②)
①조목　　②과목　　③공부　　④학과
[설명] ◎科目(과목): 「1」『교육』가르치거나 배워야
할 지식 및 경험의 체계를 세분하여 계통을 세운 영
역. 「2」『불교』불경의 뜻을 알기 쉽게 추리어 그
뜻을 드러나게 하는 장구(章句).

41. 우리 조상 중에는 <u>萬石</u> 살림을 꾸리신 분도 계셨다.
(③)
①매단　　②매석　　③만석　　④만단
[설명] ◎萬石(만석): 「1」곡식의 일만 섬. 「2」아주 많
은 곡식.

42. 노사 간의 <u>對立</u>와(과) 갈등이 해소되었다.(①)
①대립　　②양립　　③대결　　④대치
[설명] ◎對立(대립): 의견이나 처지, 속성 따위가 서로
반대되거나 모순됨. 또는 그런 관계.

※ 다음 면에 계속

※ 밑줄 친 부분을 한자로 바르게 쓴 것을 고르시오.

43. 우리나라 민간 <u>신문</u>의 효시는 독립신문이다.
(④)
①新問　　②神聞　　③神問　　④新聞
[설명] ◎新聞(신문): 「1」새로운 소식이나 견문. 「2」사

회에서 발생한 사건에 대한 사실이나 해설을 널리 신속하게 전달하기 위한 정기 간행물. 일반적으로는 일간으로 사회 전반의 것을 다루는 것을 말하지만, 주간·순간·월간으로 발행하는 것도 있으며, 기관지·전문지·일반 상업지 따위도 있다. 1609년에 독일에서 처음 신문이 발행되었으며 우리나라에서는 1883년에 ≪한성순보≫가 발간된 것이 시초이다. 「3」 신문지.

44. 전쟁이 끝나고 <u>학교</u>가 다시 문을 열었다.(④)
①孝校   ②學敎   ③孝敎   ④學校

[설명] ◎學校(학교): 일정한 목적·교과 과정·설비·제도 및 법규에 의하여 교사가 계속적으로 학생에게 교육을 실시하는 기관.

※ 물음에 알맞은 답을 고르시오.

45. 앞 글자가 뒤 글자를 꾸며주는 어휘는? (③)
①本末   ②東西   ③靑木   ④兄弟

[설명] ◎本末(본말, 근본 본·끝 말): 사물이나 일의 처음과 끝. ◎東西(동서, 동녘 동·서녘 서): 동쪽과 서쪽을 아울러 이르는 말. ◎兄弟(형제, 맏 형·아우 제): 형과 아우를 아울러 이르는 말. 이는 상대(반대)뜻의 한자로 이루어진 '상대병렬관계'이다. ◎靑木(청목): 검푸른 물을 들인 무명. 이는 앞 글자가 뒤 글자를 꾸며주는 '수식관계'이다.

46. '下山'의 반의어는? (③)
①古山   ②北山   ③登山   ④太山

[설명] ◎下山(하산): 산에서 내려오거나 내려감. ↔ ◎登山(등산): 운동, 놀이, 탐험 따위의 목적으로 산에 오름.

47. '死力'의 유의어는? (④)
①同力   ②入力   ③中力   ④全力

[설명] ◎死力(사력): 목숨을 아끼지 않고 쓰는 힘. = ◎全力(전력): 모든 힘.

48. "明明白白"의 속뜻으로 알맞은 것은? (②)
①밝은 대낮.   ②아주 분명함.
③숨은 속뜻.   ④이치에 맞지 않음.

[설명] ◎明明白白(명명백백): 의심할 여지가 없이 아주 뚜렷하다.

49. 우리나라의 명절이 <u>아닌</u> 것은? (③)
①추석   ②한식   ③입춘   ④설날

[설명] ◎立春(입춘): 이십사절기의 하나. 대한(大寒)과 우수(雨水) 사이에 들며, 이때부터 봄이 시작된다고 한다. 양력으로는 2월 4일경이다.

50. 한자와 그 쓰는 순서를 설명한 것으로 바르지 <u>않은</u> 것은? (①)

①川 : 오른쪽에서 왼쪽으로 쓴다.
②七 : 가로획을 먼저 쓴다.
③小 : 가운데를 먼저 쓴다.
④八 : 삐침(ノ)을 먼저 쓴다.

[설명] ◎川(내 천): 왼쪽에서 오른쪽으로 쓴다.

♣ 수고하셨습니다.

실전대비문제

모|범|답|안 5회

■ 다음 물음에 맞는 답의 번호를 골라 답안지의 해당 답란에 표시하시오.

※ 한자의 훈음으로 바른 것을 고르시오.

1. 安 (③) ①마당 장 ②글자 자 ③편안할 안 ④합할 합
[설명] ◎場(마당 장), 字(글자 자), 合(합할 합).

2. 線 (③) ①긴 장 ②멀 원 ③줄 선 ④오른 우
[설명] ◎長(긴 장), 遠(멀 원), 右(오른 우).

3. 步 (④) ①날 출 ②재주 재 ③귀 이 ④걸음 보
[설명] ◎出(날 출), 才(재주 재), 耳(귀 이).

4. 功 (②) ①칼 도 ②공 공 ③강 강 ④가까울 근
[설명] ◎刀(칼 도), 江(강 강), 近(가까울 근).

5. 讀 (③) ①성품 성 ②끝 말 ③읽을 독 ④고을 동
[설명] ◎性(성품 성), 末(끝 말), 洞(고을 동).

6. 全 (②) ①바를 정 ②온전할 전 ③밭 전 ④임금 왕
[설명] ◎正(바를 정), 田(밭 전), 王(임금 왕).

7. 形 (③) ①여덟 팔 ②바깥 외 ③모양 형 ④저자 시
[설명] ◎八(여덟 팔), 外(바깥 외), 市(저자 시).

8. 育 (③) ①고기 육 ②아니 불 ③기를 육 ④매양 매
[설명] ◎肉(고기 육), 不(아니 불), 每(매양 매).

9. 黃 (④) ①언덕 원 ②성씨 성 ③세상 세 ④누를 황
[설명] ◎原(언덕 원), 姓(성씨 성), 世(세상 세).

10. 記 (③) ①죽을 사 ②나눌 분 ③기록할 기 ④나라이름 한
[설명] ◎死(죽을 사), 分(나눌 분), 韓(나라이름 한).

※ 훈음에 맞는 한자를 고르시오.

11. 마을 촌 (③) ①里 ②才 ③村 ④少
[설명] ◎里(마을 리), 才(재주 재), 少(적을 소).

12. 대신할 대 (④) ①衣 ②古 ③央 ④代
[설명] ◎衣(옷 의), 古(예 고), 央(가운데 앙).

---

13. 이룰 성 (①) ①成 ②性 ③先 ④色
[설명] ◎性(성품 성), 先(먼저 선), 色(빛 색).

14. 편할 편 (③) ①西 ②位 ③便 ④士
[설명] ◎西(서녘 서), 位(자리 위), 士(선비 사).

15. 곧을 직 (①) ①直 ②植 ③目 ④身
[설명] ◎植(심을 식), 目(눈 목), 身(몸 신).

16. 고을 읍 (③) ①四 ②北 ③邑 ④事
[설명] ◎四(넉 사), 北(북녘 북), 事(일 사).

17. 뒤 후 (②) ①耳 ②後 ③弟 ④作
[설명] ◎耳(귀 이), 弟(아우 제), 作(지을 작).

18. 차례 번 (③) ①魚 ②寸 ③番 ④道
[설명] ◎魚(물고기 어), 寸(마디 촌), 道(길 도).

19. 효도 효 (②) ①馬 ②孝 ③短 ④青
[설명] ◎馬(말 마), 短(짧을 단), 青(푸를 청).

20. 밝을 명 (④) ①牛 ②示 ③多 ④明
[설명] ◎牛(소 우), 示(보일 시), 多(많을 다).

※ 물음에 알맞은 답을 고르시오.

21. 사물의 모양을 본떠 만든 글자가 <u>아닌</u> 것은? (①)

①休 ②田 ③足 ④羊
[설명] ◎休(쉴 휴)는 '회의자'이고, 田(밭 전), 足(발 족), 羊(양 양)은 '상형자'이다.

22. "봄이 되니 정원에 百花가 만발했다"에서의 '百'의 훈음으로 알맞은 것은? (②)

①힘쓸 백 ②온갖 백 ③백번 백 ④길잡이 백
[설명] ◎百(백): 일백(一百), 백 번, 여러, 모두, 모든, 온갖, 백 배 하다. ◎百花(백화): 온갖 꽃.

23. '今'을(를) 자전에서 찾을 때의 방법으로 바르지 <u>않</u>은 것은? (③)
①자음으로 찾을 때는 '금'음에서 찾는다.
②부수로 찾을 때는 '人'부수 2획에서 찾는다.
③부수로 찾을 때는 '今'부수 0획에서 찾는다.
④총획으로 찾을 때는 '4획'에서 찾는다.
[설명] ◎今(이제 금): 人(사람 인, 2획)부수의 2획, 총4획.

24. 밑줄 친 부분에 해당하는 한자가 <u>잘못</u> 쓰인 것은? (①)

①막대기 끝에 그물을 매달았다. : 夫
②옆집 개의 이름은 바둑이이다. : 犬
③이 방은 옆방과 통한다. : 通

실전대비문제

모|범|답|안 5회

④수건으로 얼굴을 닦다. : 巾
[설명] ◎末(끝 말), 夫(지아비 부).

25. '言'의 유의자는?　　　　　　　　　　(③)
①母　　②長　　③語　　④休
[설명] ◎言(말씀 언) = 語(말씀 어).

26. '夕'의 반의자는?　　　　　　　　　　(①)
①朝　　②元　　③多　　④靑
[설명] ◎夕(저녁 석) ↔ 朝(아침 조).

27. "□世, □遠, □住"에서 □안에 공통으로 들어갈 알맞은 한자는?　　　　　　　　　　(③)
①五　　②東　　③永　　④口
[설명] ◎永世(영세): 세월이 오램. 또는 그런 세월이나 세대. ◎永遠(영원): 어떤 상태가 끝없이 이어짐. 또는 시간을 초월하여 변하지 아니함. ◎永住(영주): 한 곳에 오래 삶.

※ 어휘의 독음이 바른 것을 고르시오.

28. 貝物 (①) ①패물 ②현물 ③견물 ④목물
[설명] ◎貝物(패물): 산호(珊瑚), 호박(琥珀), 수정(水晶), 대모(玳瑁) 따위로 만든 값진 물건.

29. 農民 (④) ①신간 ②진민 ③농시 ④농민
[설명] ◎農民(농민): 농사짓는 일을 생업으로 삼는 사람.

30. 太祖 (①) ①태조 ②선조 ③대초 ④후조
[설명] ◎太祖(태조): 한 왕조를 세운 첫째 임금에게 붙이던 묘호.

31. 南向 (①) ①남향 ②남동 ③북동 ④북향
[설명] ◎南向(남향): 남쪽으로 향함. 또는 그 방향.

32. 放水 (④) ①방임 ②목수 ③방영 ④방수
[설명] ◎放水(방수): 물길을 찾거나 터서 물을 흘려보냄. 또는 그렇게 흘려보낸 물.

33. 夜光 (③) ①외광 ②외당 ③야광 ④야당
[설명] ◎夜光(야광): 어둠 속에서 빛을 냄. 또는 그런 물건.

34. 開秋 (②) ①간추 ②개추 ③개화 ④문화
[설명] ◎開秋(개추): 초가을.

35. 半音 (①) ①반음 ②반일 ③반악 ④십음
[설명] ◎半音(반음): 서양 음악에서, 온음의 반이 되는 음정. 고전적 음정의 최소 단위가 되며 열두 개의 반음으로써 한 옥타브가 구성된다.

※ 어휘의 뜻으로 알맞은 것을 고르시오.

36. 無理 (④)
①공로가 없음.　　　②기력이 없음.
③생활 기능이 없는 물체.
④도리나 이치에 맞지 않음.
[설명] ◎無(없을 무), 理(다스릴 리).

37. 各別 (③)
①각기 다른 이름.　　②서로 이름을 부름.
③유달리 특별함.　　④서로 보살핌.
[설명] ◎各(각각 각), 別(다를 별).

※ 낱말을 한자로 바르게 쓴 것을 고르시오.

38. 천금: 많은 돈이나 비싼 값을 비유적으로 이르는 말.　　　　　　　　　　(③)
①中金　　②川金　　③千金　　④千今

39. 시급: 시각을 다툴 만큼 몹시 절박하고 급함.
　　　　　　　　　　(②)
①市場　　②時急　　③時場　　④市急

※ 밑줄 친 어휘의 알맞은 독음을 고르시오.

40. 그는 天命을(를) 담담하게 받아들였다. (①)
①천명　　②천수　　③천령　　④태명
[설명] ◎天命(천명): 「1」 타고난 수명. 「2」 타고난 운명. 「3」 하늘의 명령.

41. 白米와(과) 잡곡을 적절하게 섞어 먹는 게 좋다.
　　　　　　　　　　(②)
①백옥　　②백미　　③백광　　④백야
[설명] ◎白米(백미): 흰쌀.

42. 電話을(를) 걸어 부모님의 안부를 물었다.(①)
①전화　　②전기　　③전설　　④신화
[설명] ◎電話(전화): 「1」 전화기를 이용하여 말을 주고받음. 「2」 전화기.

※ 다음 면에 계속

※ 밑줄 친 부분을 한자로 바르게 쓴 것을 고르시오.

43. 허파에 공동이 생겼다.　　　　　　(③)
①空東　　②工東　　③空洞　　④工洞
[설명] ◎空洞(공동): 「1」 아무것도 없이 텅 비어 있는 굴. 「2」 아무것도 없이 텅 빈 큰 골짜기. 「3」 물체 속에 아무것도 없이 빈 것. 또는 그런 구멍. 「4」 『의학』 상하거나 염증을 일으킨 조직이 밖으로 배출되

거나 흡수되어 장기(臟器)에 생긴 빈 공간.

44. 집에 누가 있느냐고 불러도 아무 <u>대답</u>이 없다.
(②)
　①大合　　②對答　　③對合　　④大答

[설명] ◎對答(대답):「1」부르는 말에 응하여 어떤 말
　을 함. 또는 그 말.「2」상대가 묻거나 요구하는 것에
　대하여 해답이나 제 뜻을 말함. 또는 그런 말.「3」어
　떤 문제나 현상을 해명하거나 해결하는 방안.

※ 물음에 알맞은 답을 고르시오.

45. '王子'와 같은 짜임이 <u>아닌</u> 것은? (②)
　①古字　　②作名　　③車道　　④牛肉

[설명] ◎王子(왕자, 임금 왕·아들 자): 임금의 아들. ◎
　古字(고자, 예 고·글자 자): 지금은 쓰지 아니하는 옛
　글자. ◎車道(차도, 수레 차·길 도): 찻길. 사람이 다
　니는 길 따위와 구분하여 자동차만 다니게 한 길. ◎
　牛肉(우육,. 소 우·고기 육): 쇠고기. 이상은 앞 글자가
　뒤 글자를 꾸며주는 '수식관계'이다. ◎作名(작명, 지
　을 작·이름 명): 이름을 지음. 이는 '～을 ～하다'로
　풀이 되는 '술목관계'이다.

46. '生食'의 반의어는? (①)
　①火食　　②小食　　③日食　　④主食

[설명] ◎生食(생식): 익히지 아니하고 날로 먹음. 또는
　그런 음식. ↔ ◎火食(화식): 불에 익힌 음식을 먹음.
　또는 그 음식.

47. '本來'의 유의어는? (③)
　①本名　　②本心　　③元來　　④來心

[설명] ◎本來(본래): 사물이나 사실이 전하여 내려온
　그 처음. = ◎元來(원래): 사물이 전하여 내려온 그
　처음.

48. "人山人海"의 성어가 문장에서 가장 알맞게 쓰인
　것은? (④)
　①자연을 사랑하니 人山人海라 한다.
　②사람마다 각기 다른 것은 人山人海이기 때문이다.
　③순간적인 재빠른 동작이 人山人海였다.
　④막바지 여름을 즐기려는 사람들로 해수욕장은 人山
　　人海를 이루었다.

[설명] ◎人山人海(인산인해): 사람이 산을 이루고 바다
　를 이루었다는 뜻으로, 사람이 수없이 많이 모인 상
　태를 이르는 말.

49. "한자를 모아 부수와 획수에 따라 배열하고 그 소
　리와 뜻 등을 적은 책"의 이름은? (②)
　①영어사전　　　　②자전(옥편)
　③한글사전　　　　④백과사전

[설명] ◎자전(옥편): 한자를 모아서 일정한 순서로 늘

어놓고 글자 하나하나의 뜻과 음을 풀이한 책.

50. 평상시 우리의 행동으로 바르지 <u>않은</u> 것은?
(④)
　①이웃의 어른을 보면 공손하게 인사를 드린다.
　②외출할 때에는 자신의 행선지를 알린다.
　③식사를 할 때는 음식을 골고루 먹는다.
　④사고 싶은 물건을 사주지 않을 때는 불평을 한다.

♣ 수고하셨습니다.

모|범|답|안 ⑥회

실전대비문제

■ 다음 물음에 맞는 답의 번호를 골라 답안지의 해당 답란에 표시하시오.

※ 한자의 훈음으로 바른 것을 고르시오.

1. 元 (③)   ①열 십   ②두 이
                ③으뜸 원   ④합할 합
[설명] ◎十(열 십), 二(두 이), 合(합할 합).

2. 前 (①)   ①앞 전   ②푸를 청
                ③뒤 후   ④달 월
[설명] ◎靑(푸를 청), 後(뒤 후), 月(달 월).

3. 永 (④)   ①날 출   ②물 수
                ③모 방   ④길 영
[설명] ◎出(날 출), 水(물 수), 方(모 방).

4. 冬 (②)   ①가운데 중   ②겨울 동
                ③저녁 석   ④아홉 구
[설명] ◎中(가운데 중), 夕(저녁 석), 九(아홉 구).

5. 竹 (③)   ①메 산   ②끝 말
                ③대 죽   ④고을 동
[설명] ◎山(메 산), 末(끝 말), 洞(고을 동).

6. 銀 (②)   ①흰 백   ②은 은
                ③물건 물   ④구슬 옥
[설명] ◎白(흰 백), 物(물건 물), 玉(구슬 옥).

7. 孝 (①)   ①효도 효   ②돌 석
                ③꽃 화   ④기를 육
[설명] ◎石(돌 석), 花(꽃 화), 育(기를 육).

8. 科 (③)   ①가운데 앙   ②동녘 동
                ③과목 과   ④매양 매
[설명] ◎央(가운데 앙), 東(동녘 동), 每(매양 매).

9. 短 (④)   ①언덕 원   ②성씨 성
                ③세상 세   ④짧을 단
[설명] ◎原(언덕 원), 姓(성씨 성), 世(세상 세).

10. 光 (③)   ①수레 거   ②몸 기
                ③빛 광   ④볼 견
[설명] ◎車(수레 거), 己(몸 기), 見(볼 견).

※ 훈음에 맞는 한자를 고르시오.

11. 새로울 신 (③) ①子 ②重 ③新 ④漢
[설명] ◎子(아들 자), 重(무거울 중), 漢(한수 한).

12. 기록할 기 (④) ①五 ②用 ③出 ④記
[설명] ◎五(다섯 오), 用(쓸 용), 出(날 출).

13. 쌀 미 (①) ①米 ②牛 ③木 ④午
[설명] ◎牛(소 우), 木(나무 목), 午(낮 오).

14. 읽을 독 (②) ①共 ②讀 ③土 ④邑
[설명] ◎共(함께 공), 土(흙 토), 邑(고을 읍).

15. 오를 등 (③) ①面 ②空 ③登 ④先
[설명] ◎面(낮 면), 空(빌 공), 先(먼저 선).

16. 클 태 (②) ①西 ②太 ③水 ④央
[설명] ◎西(서녘 서), 水(물 수), 央(가운데 앙).

17. 글 시 (③) ①敎 ②班 ③詩 ④文
[설명] ◎敎(가르칠 교), 班(나눌 반), 文(글월 문).

18. 걸음 보 (②) ①晝 ②步 ③植 ④十
[설명] ◎晝(낮 주), 植(심을 식), 十(열 십).

19. 평평할 평 (②) ①頭 ②平 ③夜 ④川
[설명] ◎頭(머리 두), 夜(밤 야), 川(내 천).

20. 편안할 안 (①) ①安 ②意 ③分 ④示
[설명] ◎意(뜻 의), 分(나눌 분), 示(보일 시).

※ 물음에 알맞은 답을 고르시오.

21. "해와 달이 함께 있으니 더욱 밝다"의 뜻을 나타내는 한자는?   (④)
①日   ②耳   ③月   ④明
[설명] ◎明(밝을 명).

22. "便衣"에서 밑줄 친 '便'의 훈음으로 알맞은 것은?
                                        (①)
①편할 편 ②편할 변 ③똥오줌 편 ④똥오줌 변
[설명] ◎便(편·변): 편할, 아첨할, 쉴, 휴식할, 익힐, 익을, 말 잘할, 소식 (편) / 똥오줌, 오줌을 눌, 곧, 문득 (변). ◎便衣(편의): 평상시에 간편하게 입는 옷.

23. '直'을(를) 자전에서 찾을 때의 방법으로 바르지 않은 것은?   (④)
①총획으로 찾을 때는 '8획'에서 찾는다.
②자음으로 찾을 때는 '직'음에서 찾는다.
③부수로 찾을 때는 '目'부수 3획에서 찾는다.
④자음으로 찾을 때는 '식'음에서 찾는다.
[설명] ◎直(곧을 직): 目(눈 목, 5획)부수의 3획, 총8획.

24. 밑줄 친 부분에 해당하는 한자가 잘못 쓰인 것은?
                                        (④)
①우리 집은 학교에서 가깝다. : 近
②들판에 곡식이 누렇게 익어가고 있다. : 黃
③건강이 좋지 않아서 잠시 쉬려고 한다. : 休
④이 산은 나무가 무성하다. : 才

모|범|답|안

[설명] ◎木(나무 목), 才(재주 재).

25. '肉'의 유의자는?   (③)

　①林　　　②多　　　③身　　　④首

[설명] ◎肉(고기, 몸 육) = 身(몸 신).

26. '古'의 반의자는?   (①)

　①今　　　②別　　　③方　　　④八

[설명] ◎古(예 고) ↔ 今(이제 금).

27. "男女□少"에서 □안에 들어갈 알맞은 한자는?
    (②)

　①一　　　②老　　　③魚　　　④二

[설명] ◎男女老少(남녀노소): 남자와 여자, 늙은이와
젊은이란 뜻으로, 모든 사람을 이르는 말.

※ 어휘의 독음이 바른 것을 고르시오.

28. 半年 (④) ①반오 ②절반 ③반의 ④반년
[설명] ◎半年(반년): 한 해의 반.

29. 高遠 (③) ①경원 ②고근 ③고원 ④고도
[설명] ◎高遠(고원):「1」높고 멂.「2」품은 뜻이나 이
상이 높고 원대함.

30. 同等 (①) ①동등 ②동경 ③비등 ④대등
[설명] ◎同等(동등): 등급이나 정도가 같음. 또는 그런
등급이나 정도.

31. 英主 (②) ①영왕 ②영주 ③훈주 ④영작
[설명] ◎英主(영주): 뛰어나게 훌륭한 임금.

32. 無線 (①) ①무선 ②무천 ③유천 ④유선
[설명] ◎無線(무선): 통신이나 방송을 전선(電線) 없이
전파로 함.

33. 自信 (②) ①자언 ②자신 ③백신 ④목신
[설명] ◎自信(자신): 어떤 일을 해낼 수 있다거나 어떤
일이 꼭 그렇게 되리라는 데 대하여 스스로 굳게 믿
음. 또는 그런 믿음.

34. 大計 (①) ①대계 ②요계 ③대개 ④대게
[설명] ◎大計(대계): 큰 계획.

35. 去來 (②) ①거례 ②거래 ③각래 ④과래
[설명] ◎去來(거래):「1」주고받음. 또는 사고팖.「2」
친분 관계를 이루기 위하여 오고 감.「3」예전에, 사
건이 일어나는 대로 아랫사람이 윗사람이나 관아에
가서 알리던 일.

※ 어휘의 뜻으로 알맞은 것을 고르시오.

36. 正書 (④)

　①바른 마음.　　　　②책을 읽고 느낀 감정.

③오후 대낮.　　　　④글씨를 또박또박 씀.

37. 花田 (③)

　①꽃앞.　　　　　　②꽃이 피는 풀과 나무.

　③꽃밭.　　　　　　④논밭을 갊.

※ 낱말을 한자로 바르게 쓴 것을 고르시오.

38. 조부: 할아버지.   (②)

　①朝本　　②祖父　　③祖母　　④朝父

39. 천성: 선천적으로 타고난 성질.   (③)

　①天姓　　②百姓　　③天性　　④川性

※ 밑줄 친 어휘의 알맞은 독음을 고르시오.

40. 저희 할머니의 春秋은(는) 일흔이십니다. (③)

　①연세　　②춘화　　③춘추　　④연령

[설명] ◎春秋(춘추): 어른의 나이를 높여 이르는 말.

41. 死力을(를) 다해 전쟁에서 승리하자.   (②)

　①사도　　②사력　　③사활　　④전력

[설명] ◎死力(사력): 목숨을 아끼지 않고 쓰는 힘.

42. 양국이 서로 和親하였다.   (①)

　①화친　　②사친　　③화신　　④화해

[설명] ◎和親(화친):「1」서로 의좋게 지내는 정분.
「2」나라와 나라 사이에 다툼 없이 가까이 지냄.

※ 다음 면에 계속

※ 밑줄 친 부분을 한자로 바르게 쓴 것을 고르시오.

43. 그는 부드러운 음색을 가졌다.   (②)

　①音六　　②音色　　③音問　　④色音

[설명] ◎音色(음색): 음을 만드는 구성 요소의 차이로
생기는, 소리의 감각적 특색. 소리의 높낮이, 크기가
같더라도 진동체나 발음체, 진동 방법에 따라 음이
갖는 감각적 성질에는 차이가 생긴다.

44. 이번 대회에서는 어린 선수들이 상위를 차지했다.
    (③)

　①士位　　②中位　　③上位　　④下位

[설명] ◎上位(상위): 높은 위치나 지위.

※ 물음에 알맞은 답을 고르시오.

45. 비슷한 뜻의 한자로 이루어진 어휘는?   (①)

　①文字　　②左右　　③南北　　④南向

[설명] ◎文字(문자, 글월 문·글자 자): 예전부터 전하여 내려오는, 한자로 된 숙어나 성구(成句) 또는 문장. 이는 서로 비슷한 뜻의 한자로 이루어진 '유사병렬관계'이다. ◎左右(좌우, 왼 좌·오른 우): 왼쪽과 오른쪽을 아울러 이르는 말. ◎南北(남북, 남녘 남·북녘 북): 남쪽과 북쪽을 아울러 이르는 말. 이상은 서로 반대되는 뜻의 한자로 이루어진 '상대병렬관계'이다. ◎南向(남향, 남녘 남·향할 향): 남쪽으로 향함. 또는 그 방향. 이는 앞 글자가 뒤 글자를 꾸며주는 '수식관계'이다.

46. '外心'의 반의어는? (②)
 ①中心 ②内心 ③犬心 ④内人

[설명] ◎外心(외심): 주의를 기울이지 않고 다른 것을 생각하는 마음. ↔ ◎内心(내심): 속마음.

47. '名門'의 유의어는? (④)
 ①名寸 ②家寸 ③寸門 ④名家

[설명] ◎名門(명문): 이름 있는 문벌. 또는 훌륭한 집안. = ◎名家(명가): 명망이 높은 가문.

48. "千軍萬馬"의 속뜻으로 알맞은 것은? (③)
 ①동물을 사랑함.
 ②천리 길도 한 걸음부터.
 ③썩 많은 군사와 말.
 ④천리 길을 말을 타고 감.

[설명] ◎千軍萬馬(천군만마): 천 명의 군사와 만 마리의 군마라는 뜻으로, 아주 많은 수의 군사와 군마를 이르는 말.

49. 우리 조상들이 남긴 문화유산을 대하는 태도로 바르지 않은 것은? (②)
 ①소중하게 다룬다.   ②보이지 않는데 숨긴다.
 ③담겨진 정신을 배운다. ④후손에게 잘 물려준다.

50. 한자문화권에 속하지 않은 나라는? (④)
 ①중국 ②한국 ③일본 ④러시아

♣ 수고하셨습니다.

■ 다음 물음에 맞는 답의 번호를 골라 답안지의 해당
답란에 표시하시오.

※ 한자의 훈음으로 바른 것을 고르시오.

1. 時 (①) ①때   시   ②여섯   륙
              ③눈   목   ④해   년
[설명] ◎六(여섯 륙), 目(눈 목), 年(해 년).

2. 軍 (③) ①수레   거   ②귀   이
              ③군사   군   ④가운데   중
[설명] ◎車(수레 거), 耳(귀 이), 中(가운데 중).

3. 氣 (②) ①이룰   성   ②기운   기
              ③수건   건   ④날   일
[설명] ◎成(이룰 성), 巾(수건 건), 日(날 일).

4. 登 (④) ①무리   등   ②온전할   전
              ③오른   우   ④오를   등
[설명] ◎等(무리 등), 全(온전할 전), 右(오른 우).

5. 樂 (④) ①대   죽   ②말   마
              ③일백   백   ④즐거울   락
[설명] ◎竹(대 죽), 馬(말 마), 百(일백 백).

6. 來 (①) ①올   래   ②벗   우
              ③열   십   ④평평할   평
[설명] ◎友(벗 우), 十(열 십), 平(평평할 평).

7. 老 (②) ①흙   토   ②늙을   로
              ③사내   남   ④적을   소
[설명] ◎土(흙 토), 男(사내 남), 少(적을 소).

8. 民 (③) ①남녘   남   ②양   양
              ③백성   민   ④몸   기
[설명] ◎南(남녘 남), 羊(양 양), 己(몸 기).

9. 社 (②) ①저녁   석   ②모일   사
              ③물건   물   ④가운데   앙
[설명] ◎夕(저녁 석), 物(물건 물), 央(가운데 앙).

10. 韓 (①) ①나라이름   한   ②서녘   서
               ③발   족   ④마디   촌
[설명] ◎西(서녘 서), 足(발 족), 寸(마디 촌).

※ 훈음에 맞는 한자를 고르시오.

11. 낮   오 (④) ①牛 ②畫 ③火 ④午
[설명] ◎牛(소 우), 畫(낮 주), 火(불 화).

12. 높을   고 (②) ①大 ②高 ③原 ④草
[설명] ◎大(큰 대), 原(언덕,근본 원), 草(풀 초).

13. 칼   도 (③) ①口 ②左 ③刀 ④七
[설명] ◎口(입 구), 左(왼 좌), 七(일곱 칠).

14. 함께   공 (①) ①共 ②千 ③意 ④同
[설명] ◎千(일천 천), 意(뜻 의), 同(한가지 동).

15. 가르칠   교 (④) ①犬 ②問 ③九 ④教
[설명] ◎犬(개 견), 問(물을 문), 九(아홉 구).

16. 누를   황 (③) ①江 ②先 ③黃 ④青
[설명] ◎江(강 강), 先(먼저 선), 青(푸를 청).

17. 으뜸   원 (①) ①元 ②主 ③水 ④北
[설명] ◎主(주인 주), 水(물 수), 北(북녘 북).

18. 마당   장 (②) ①林 ②場 ③姓 ④功
[설명] ◎林(수풀 림), 姓(성씨 성), 功(공 공).

19. 소리   음 (③) ①四 ②玉 ③音 ④月
[설명] ◎四(넉 사), 玉(구슬 옥), 月(달 월).

20. 친할   친 (①) ①親 ②父 ③川 ④行
[설명] ◎父(아버지 부), 川(내 천), 行(다닐 행).

※ 물음에 알맞은 답을 고르시오.

21. 나무의 뿌리 부분에 점을 찍어 '뿌리, 곧 근본'이라
는 뜻을 나타내는 한자는?   (③)
①問   ②末   ③本   ④木
[설명] ◎本(근본 본).

22. "고려는 開國후에 도읍을 옮겼다"에서 밑줄 친 '開'
의 훈음으로 가장 알맞은 것은?   (②)
①다시   개 ②열   개 ③깨우칠   개 ④고칠   개
[설명] ◎開(개): 열, 필, 펼, 개척할, 시작할, 깨우칠
(개). ◎開國(개국):「1」새로 나라를 세움.「2」나라
의 문호를 열어 다른 나라와 교류함.

23. '貝'을(를) 자전에서 찾을 때의 방법으로 바르지 않
은 것은?   (①)
①부수로 찾을 때는 '目'부수 2획에서 찾는다.
②자음으로 찾을 때는 '패'음에서 찾는다.
③총획으로 찾을 때는 '7획'에서 찾는다.
④부수로 찾을 때는 '貝'부수 0획에서 찾는다.
[설명] ◎貝(조개 패): 貝(조개 패, 7획)부수의 0획, 총7획.

24. 밑줄 친 부분에 해당하는 한자가 잘못 쓰인 것은?
(①)
①한 가닥 빛이 어둠을 뚫고 방 안으로 들어왔다. : 米
②할머니는 가까운 동네에 사신다. : 住
③등산을 다녀왔더니 옷에 풀씨가 들러붙었다. : 衣
④약속 장소에 갔더니 아무도 없었다. : 無

[설명] ◎光(빛 광), 米(쌀 미).

25. '對'의 유의자는? (④)
①中　　②己　　③空　　④答

[설명] ◎對(대답할 대) = 答(대답 답).

26. '强'의 반의자는? (④)
①男　　②十　　③京　　④弱

[설명] ◎强(강할 강) ↔ 弱(약할 약).

27. "方□, 南□, 下□"에서 □안에 공통으로 들어갈 알맞은 한자는? (③)
①秋　　②天　　③向　　④等

[설명] ◎方向(방향):「1」어떤 방위(方位)를 향한 쪽. 「2」어떤 뜻이나 현상이 일정한 목표를 향하여 나아가는 쪽. ◎南向(남향): 남쪽으로 향함. 또는 그 방향. ◎下向(하향):「1」아래로 향함. 또는 그 쪽. 「2」쇠퇴하여 감.「3」물가 따위가 떨어짐.

※ 어휘의 독음이 바른 것을 고르시오.

28. 當番 (③) ①당직 ②군번 ③당번 ④당파

[설명] ◎當番(당번): 어떤 일을 책임지고 돌보는 차례가 됨. 또는 그 차례가 된 사람.

29. 交通 (④) ①원활 ②개통 ③소통 ④교통

[설명] ◎交通(교통):「1」자동차·기차·배·비행기 따위를 이용하여 사람이 오고 가거나, 짐을 실어 나르는 일.「2」서로 오고 감. 또는 소식이나 정보를 주고 받음.「3」나라 사이에 관계를 맺어 오고 가고 함.

30. 植字 (③) ①심자 ②직자 ③식자 ④식사

[설명] ◎植字(식자): 활판 또는 전산 인쇄에서, 문선공이 골라 뽑은 활자를 원고대로 조판함. 또는 그런 일.

31. 部首 (③) ①분수 ②분말 ③부수 ④부두

[설명] ◎部首(부수): 한자 자전에서 글자를 찾는 길잡이 역할을 하는 공통되는 글자의 한 부분.

32. 萬金 (②) ①매전 ②만금 ③만전 ④매입

[설명] ◎萬金(만금): 아주 많은 돈.

33. 血肉 (④) ①골육 ②혈내 ③목내 ④혈육

[설명] ◎血肉(혈육):「1」피와 살을 아울러 이르는 말. 「2」부모, 자식, 형제 따위의 한 혈통으로 맺어진 육친.

34. 工事 (①) ①공사 ②역사 ③공장 ④회사

[설명] ◎工事(공사): 토목이나 건축 따위의 일.

35. 母校 (④) ①부교 ②학교 ③교정 ④모교

[설명] ◎母校(모교): 자기가 다니거나 졸업한 학교.

※ 어휘의 뜻으로 알맞은 것을 고르시오.

36. 記入 (②)
①서로 번갈아 듦.　　②적어 넣음.
③따로따로 갈라서 나눔.　④중요한 자리에 뽑아 씀.

37. 合班 (④)
①급히 반을 편성함.
②쪼개어 놓은 옥을 다시 붙임.
③둘 이상의 학급을 반으로 나눔.
④둘 이상의 학급을 합침.

※ 낱말을 한자로 바르게 쓴 것을 고르시오.

38. 영원: 끝이 없음, 끝없는 세월. (①)
①永遠　②永原　③英原　④英遠

39. 백기: 항복의 표시로 쓰는 흰 기. (②)
①白車　②白旗　③百旗　④百車

※ 밑줄 친 어휘의 알맞은 독음을 고르시오.

40. 사람은 누구나 長短점이 있기 마련이다. (②)
①장문　②장단　③수단　④단장

[설명] ◎長短(장단):「1」길고 짧음.「2」좋은 점과 나쁜 점.

41. 地位(이)가 높을수록 겸손해야 한다. (③)
①지립　②지상　③지위　④하위

[설명] ◎地位(지위): 개인의 사회적 신분에 따르는 위치나 자리. 어떤 사물이 차지하는 자리나 위치.

42. 世代간의 갈등을 잘 극복합시다. (④)
①세상　②시대　③세계　④세대

[설명] ◎世代(세대):「1」어린아이가 성장하여 부모 일을 계승할 때까지의 약 30년 정도 되는 기간.「2」같은 시대에 살면서 공통의 의식을 가지는 비슷한 연령층의 사람 전체.「3」한 생물이 생겨나서 생존을 끝마칠 때까지의 기간.「4」그때에 당면한 시대.

※ 다음 면에 계속

※ 밑줄 친 부분을 한자로 바르게 쓴 것을 고르시오.

43. 친구들과 회식을 했다. (②)
①口食　②會食　③會口　④主食

[설명] ◎會食(회식): 여러 사람이 모여 함께 음식을 먹음. 또는 그런 모임.

44. 그는 세상 돌아가는 <u>형편</u>을 잘 안다. (①)
　①形便　　②兄便　　③兄平　　④形平
[설명] ◎形便(형편): 「1」 일이 되어 가는 상태나 경로 또는 결과. 「2」 살림살이의 형세. 「3」 이익을 차리는 생각. 「4」 땅이 생긴 형상.

♣ 수고하셨습니다.

※ 물음에 알맞은 답을 고르시오.

45. 앞 글자가 뒤 글자를 꾸며주는 어휘는? (①)
　①古書　　②洞里　　③晝夜　　④牛馬
[설명] ◎古書(고서, 예 고·글 서): 아주 오래전에 간행된 책. 이는 앞 글자가 뒤 글자를 꾸며주는 '수식관계'이다. ◎洞里(동리, 마을 동·마을 리): 마을. ◎晝夜(주야, 낮 주·밤 야): 밤낮. ◎牛馬(우마, 소 우·말 마): 소와 말을 아울러 이르는 말. 이상은 서로 비슷하거나 상대(반대)되는 뜻의 한자로 이루어진 '병렬관계'이다.

46. '前面'의 반의어는? (④)
　①面前　　②面後　　③前後　　④後面
[설명] ◎前面(전면): 「1」 앞면. 「2」 앞을 향한 쪽. ↔ ◎後面(후면): 향하고 있는 방향의 반대되는 쪽의 면.

47. '室內'의 유의어는? (②)
　①內外　　②家內　　③室外　　④家外
[설명] ◎室內(실내): 방이나 건물 따위의 안. = ◎家內(가내): 집안. 가족을 구성원으로 하여 살림을 꾸려나가는 공동체. 또는 가까운 일가.

48. "死後功名"의 속뜻으로 알맞은 것은? (②)
　①산과 물을 좋아함.
　②죽은 뒤에 내리는 벼슬.
　③죽을 고비를 여러 차례 겪음.
　④늙은이와 젊은이와 함께 즐김.
[설명] ◎死後功名(사후공명): 죽은 뒤에 내리는 벼슬이나 시호(諡號).

49. 우리의 민속 명절이 <u>아닌</u> 것은? (④)
　①단오　　②대보름　　③한식　　④성탄절
[설명] ◎성탄절: 12월 24일부터 1월 6일까지 예수의 성탄을 축하하는 명절. 우리나라에서는 12월 25일을 공휴일로 하고 있다.

50. 부모님께 효도하는 방법으로 바르지 <u>않은</u> 것은?
(①)
　①어버이의 날에만 부모님께 감사의 마음을 갖는다.
　②형제간에 다투는 일이 없도록 한다.
　③부모님의 말씀을 잘 듣는다.
　④부모님께서 편찮으시면 정성껏 간호한다.
[설명] ◎어버이날 뿐만 아니라 항상 부모님께 감사의 마음을 가져야 한다.

모|범|답|안 ⑧회

■ 다음 물음에 맞는 답의 번호를 골라 답안지의 해당 답란에 표시하시오.

※ 한자의 훈음으로 바른 것을 고르시오.

1. 海 (②)　①즐거울 락　②바다　해
　　　　　　　③번개　전　④아침　조
[설명] ◎樂(즐거울 락), 電(번개 전), 朝(아침 조).

2. 示 (④)　①열　개　②때　시
　　　　　　　③귀신　신　④보일　시
[설명] ◎開(열 개), 時(때 시), 神(귀신 신).

3. 命 (②)　①백성　민　②목숨　명
　　　　　　　③밤　야　④대　죽
[설명] ◎民(백성 민), 夜(밤 야), 竹(대 죽).

4. 番 (①)　①차례　번　②쌀　미
　　　　　　　③놓을　방　④집　실
[설명] ◎米(쌀 미), 放(놓을 방), 室(집 실).

5. 答 (④)　①대신할　대　②글　서
　　　　　　　③온전할　전　④대답　답
[설명] ◎代(대신할 대), 書(글 서), 全(온전할 전).

6. 旗 (④)　①집　가　②길　영
　　　　　　　③군사　군　④기　기
[설명] ◎家(집 가), 永(길 영), 軍(군사 군).

7. 區 (②)　①밝을　명　②나눌　구
　　　　　　　③약할　약　④말씀　어
[설명] ◎明(밝을 명), 弱(약할 약), 語(말씀 어).

8. 邑 (③)　①칼　도　②다를　별
　　　　　　　③고을　읍　④말씀　언
[설명] ◎刀(칼 도), 別(다를 별), 言(말씀 언).

9. 共 (①)　①함께　공　②나눌　분
　　　　　　　③몸　신　④밭　전
[설명] ◎分(나눌 분), 身(몸 신), 田(밭 전).

10. 聞 (④)　①곧을　직　②가을　추
　　　　　　　③꽃　화　④들을　문
[설명] ◎直(곧을 직), 秋(가을 추), 花(꽃 화).

※ 훈음에 맞는 한자를 고르시오.

11. 사귈　교 (①)　①交 ②放 ③神 ④竹
[설명] ◎放(놓을 방), 神(귀신 신), 竹(대 죽).

12. 살　주 (③)　①夜 ②永 ③住 ④祖
[설명] ◎夜(밤 야), 永(길 영), 祖(할아비 조).

13. 긴　장 (①)　①長 ②軍 ③身 ④電
[설명] ◎軍(군사 군), 身(몸 신), 電(번개 전).

14. 과목　과 (②)　①才 ②科 ③末 ④全
[설명] ◎才(재주 재), 末(끝 말), 全(온전할 전).

15. 편할　편 (②)　①時 ②便 ③語 ④室
[설명] ◎時(때 시), 語(말씀 어), 室(집 실).

16. 털　모 (③)　①米 ②手 ③毛 ④牛
[설명] ◎米(쌀 미), 手(손 수), 牛(소 우).

17. 학교　교 (①)　①校 ②朝 ③直 ④秋
[설명] ◎朝(아침 조), 直(곧을 직), 秋(가을 추).

18. 머리　두 (①)　①頭 ②明 ③田 ④西
[설명] ◎明(밝을 명), 田(밭 전), 西(서녘 서).

19. 은　은 (③)　①開 ②太 ③銀 ④東
[설명] ◎開(열 개), 太(클 태), 東(동녘 동).

20. 고기　육 (④)　①刀 ②黃 ③央 ④肉
[설명] ◎刀(칼 도), 黃(누를 황), 央(가운데 앙).

※ 물음에 알맞은 답을 고르시오.

21. "입을 벌리고 노래를 부른다"는 데서 '노래하다, 읊 조리다'의 뜻을 나타내는 한자는? (②)
①向　②歌　③樂　④家
[설명] ◎歌(노래 가).

22. "洞口 밖 과수원 길에 아카시아 꽃이 피었다"에서 밑줄 친 '洞'의 훈음으로 가장 알맞은 것은?
(②)
①고을 통　②고을 동　③꿰뚫을 통　④꿰뚫을 동
[설명] ◎洞(동·통): 골, 골짜기, 고을, 마을, 동네, 굴, 동굴, 공경하는 모양, 혼돈한 모양, 서로 이어진 모양, 깊을, 그윽할, 빌, 공허할, 빨리 흐를, 물이 세차게 치솟을, 설사할 (동) / 밝을, 꿰뚫을, 통할, 동달할 (통). ◎洞口(동구):「1」동네 어귀.「2」절로 들어가는 산문(山門)의 어귀.

23. '平'을(를) 자전에서 찾을 때의 방법으로 바른 것은?
(③)
①부수로 찾을 때는 'ㅡ'부수 3획에서 찾는다.
②총획으로 찾을 때는 '6획'에서 찾는다.
③부수로 찾을 때는 '干'부수 2획에서 찾는다.
④자음으로 찾을 때는 '호'음에서 찾는다.
[설명] ◎平(평평할 평): 干(방패 간, 3획)부수의 2획, 총 5획.

24. 밑줄 친 부분에 해당하는 한자가 잘못 쓰인 것은?

①철수네 식구는 모두 혈액형이 <u>같다</u>. : 同
②나는 며칠 좀 <u>쉬고</u> 싶었다. : 休
③산을 <u>오르기</u>에 참 좋은 날씨다. : 等
④<u>말</u> 가는 데 소 간다 : 馬
[설명] ◎登(오를 등), 等(무리 등).

25. '午'의 유의자는? (①)
①晝 ②室 ③夜 ④牛
[설명] ◎午(낮 오) = 晝(낮 주).

26. '遠'의 반의자는? (④)
①放 ②別 ③神 ④近
[설명] ◎遠(멀 원) ↔ 近(가까울 근).

27. "明□, 日□, 一代□"에서 □안에 공통으로 들어갈
알맞은 한자는? (①)
①記 ②開 ③軍 ④米
[설명] ◎明記(명기): 분명히 밝히어 적음. ◎日記(일기):
「1」 날마다 그날그날 겪은 일이나 생각, 느낌 따위
를 적는 개인의 기록. 「2」 일기장. 「3」 『역사』 폐위
된 임금의 치세를 적은 역사. 폐주이므로 실록에 끼
이지 못하고 달리 취급되었다. ◎一代記(일대기): 어
느 한 사람의 일생에 관한 내용을 적은 기록.

※ 어휘의 독음이 바른 것을 고르시오.

28. 空氣 (④) ①강미 ②강기 ③공미 ④공기
[설명] ◎空氣(공기): 「1」 지구를 둘러싼 대기의 하층부
를 구성하는 무색, 무취의 투명한 기체. 산소와 질소
가 약 1 대 4의 비율로 혼합된 것을 주성분으로 하
며, 그 밖에 소량의 아르곤·헬륨 따위의 불활성 가스
와 이산화 탄소가 포함되어 있다. 동식물의 호흡, 소
리의 전파 따위에 필수적이다. 「2」 그 자리에 감도는
기분이나 분위기.

29. 市中 (①) ①시중 ②시장 ③지중 ④지장
[설명] ◎市中(시중): 「1」 도시의 안. 「2」 사람들이 생
활하는 공개된 공간을 비유적으로 이르는 말.

30. 北京 (④) ①서경 ②동경 ③패경 ④북경
[설명] ◎北京(북경): '베이징'을 우리 한자음으로 읽은
이름.

31. 無色 (④) ①무성 ②무삭 ③무읍 ④무색
[설명] ◎無色(무색): 아무 빛깔이 없음.

32. 不當 (③) ①부덕 ②불덕 ③부당 ④비당
[설명] ◎不當(부당): 이치에 맞지 아니함.

33. 正信 (③) ①지신 ②정언 ③정신 ④정화
[설명] ◎正信(정신): 참되고 올바르게 믿는 마음.

34. 短小 (②) ①두소 ②단소 ③답소 ④시소
[설명] ◎短小(단소): 짧고 작음.

※ 어휘의 뜻으로 알맞은 것을 고르시오.

35. 民意 (④)
①국민들이 그린 그림. ②의지가 강한 사람.
③신하는 의리가 있어야 함. ④국민의 뜻.

36. 名分 (①)
①내세우는 이유나 구실. ②이름이 간단 명료함.
③분명하게 이야기 함. ④성급한 믿음.

37. 原書 (④)
①본디의 이름. ②자연의 빛을 본뜬 빛깔.
③사물이 기본이 되는 이치나 법칙.
④베끼거나 번역한 책에 대하여 그 원본이 된 책.

※ 낱말을 한자로 바르게 쓴 것을 고르시오.

38. 강력: 힘이나 영향이 강함. (④)
①江刀 ②江力 ③強刀 ④強力

39. 다독: 많이 읽음. (②)
①夕讀 ②多讀 ③讀多 ④多食

※ 밑줄 친 어휘의 알맞은 독음을 고르시오.

40. 이 운동은 <u>老少</u>에 관계없이 집 안에서 가볍게 할
수 있다. (①)
①노소 ②효소 ③노약 ④노수
[설명] ◎老少(노소): 늙은이와 젊은이를 아울러 이르는
말.

41. 시위대는 <u>車道</u>로 나와서 시위를 계속했다.
(④)
①인도 ②수도 ③중도 ④차도
[설명] ◎車道(차도): 찻길. 사람이 다니는 길 따위와 구
분하여 자동차만 다니게 한 길.

42. 주인에게 약간의 <u>先金</u>을 주었다. (④)
①토금 ②광금 ③선왕 ④선금
[설명] ◎先金(선금): 무엇을 사거나 세낼 때에 먼저 치
르는 돈.

※ 다음 면에 계속

※ 밑줄 친 부분을 한자로 바르게 쓴 것을 고르시오.

43. 모두 도시로 떠나가고 <u>농촌</u>에는 나이 든 노인들밖
에 없다. (④)
①農寸 ②同寸 ③同村 ④農村
[설명] ◎農村(농촌): 주민의 대부분이 농업에 종사하는

마을이나 지역.

44. 삼촌은 <u>영시</u>를 소리 내어 읽고 있었다. (①)

①英詩　②詩英　③央時　④時英

[설명] ◎英詩(영시): 영어로 쓴 시.

※ 물음에 알맞은 답을 고르시오.

45. 앞 글자가 뒤 글자를 꾸며주는 어휘는? (②)

①兄弟　②青山　③夏冬　④本末

[설명] ◎兄弟(형제, 맏 형·아우 제): 형과 아우를 아울러 이르는 말. ◎夏冬(하동, 여름 하·겨울 동): 여름과 겨울을 아울러 이르는 말. ◎本末(본말, 근본 본·끝 말):「1」사물이나 일의 처음과 끝.「2」사물이나 일의 중요한 부분과 중요하지 않은 부분. 이상은 모두 서로 상대(반대)되는 뜻의 한자로 이루어진 '병렬관계'이다. ◎青山(청산, 푸를 청·메(뫼) 산): 풀과 나무가 무성한 푸른 산. 이는 앞 글자가 뒤 글자를 꾸며주는 '수식관계'이다.

46. '男子'의 반의어는? (②)

①弱子　②女子　③母子　④王子

[설명] ◎男子(남자):「1」남성(男性)으로 태어난 사람.「2」사내다운 사내.「3」한 여자의 남편이나 애인을 이르는 말. ↔ ◎女子(여자):「1」여성으로 태어난 사람.「2」여자다운 여자.「3」한 남자의 아내나 애인을 이르는 말.「4」『역사』신라에서, 궁내성에 속하여 침방(針房)에서 바느질하는 일을 맡아보던 나인.

47. '自己'의 유의어는? (④)

①自大　②自효　③自出　④自身

[설명] ◎自己(자기):「1」그 사람 자신.「2」『철학』자아(自我). = ◎自身(자신): 그 사람의 몸 또는 바로 그 사람을 이르는 말.

48. "一口二言"의 뜻으로 알맞은 것은? (③)

①말을 간단히 함.　②말은 입에서 나옴.

③말을 이랬다저랬다 함.　④말을 조리있게 함.

[설명] ◎一口二言(일구이언): 한 입으로 두 말을 한다는 뜻으로, 한 가지 일에 대하여 말을 이랬다저랬다 함을 이르는 말.

49. 우리의 전통 놀이가 <u>아닌</u> 것은? (②)

①연날리기　②다트놀이　③그네뛰기　④숨바꼭질

[설명] ◎다트: 놀이의 하나. 시계의 눈금처럼 점수가 매겨져 있는 원반 모양의 과녁에 화살을 던져 맞힌 점수로 승패를 가린다. 영국인들이 즐겨 하는 경기.

50. 우리의 전통 문화를 이해하고 발전시키는 방법으로 바르지 <u>않은</u> 것은? (④)

①우리가 먼저 사랑하고 아끼는 마음을 가진다.
②참고 문헌을 통하여 관심과 정보를 얻는다.
③상호 이해를 통한 문화 교류가 필요하다.
④우리의 전통 문화만을 고집한다.

♣ 수고하셨습니다.

실전대비문제 **모|범|답|안** ⑨회

■ 다음 물음에 맞는 답의 번호를 골라 답안지의 해당 답란에 표시하시오.

※ 한자의 훈음으로 바른 것을 고르시오.
---

1. 京 (②) ①다스릴 리 ②서울 경
　　　　　　 ③보일 시 ④발 족
[설명] ◎理(다스릴 리), 示(보일 시), 足(발 족).

2. 空 (④) ①이룰 성 ②셀 계
　　　　　　 ③함께 공 ④빌 공
[설명] ◎成(이룰 성), 計(셀 계), 共(함께 공).

3. 農 (②) ①친할 친 ②농사 농
　　　　　　 ③기 기 ④대 죽
[설명] ◎親(친할 친), 旗(기 기), 竹(대 죽).

4. 活 (①) ①살 활 ②목숨 명
　　　　　　 ③강 강 ④집 실
[설명] ◎命(목숨 명), 江(강 강), 室(집 실).

5. 線 (④) ①이제 금 ②수풀 림
　　　　　　 ③말 마 ④줄 선
[설명] ◎今(이제 금), 林(수풀 림), 馬(말 마).

6. 午 (④) ①집 가 ②개 견
　　　　　　 ③군사 군 ④낮 오
[설명] ◎家(집 가), 犬(개 견), 軍(군사 군).

7. 別 (②) ①읽을 독 ②다를 별
　　　　　　 ③들을 문 ④입 구
[설명] ◎讀(읽을 독), 聞(들을 문), 口(입 구).

8. 住 (③) ①칼 도 ②주인 주
　　　　　　 ③살 주 ④말씀 언
[설명] ◎刀(칼 도), 主(주인 주), 言(말씀 언).

9. 老 (①) ①늙을 로 ②아홉 구
　　　　　　 ③몸 신 ④사내 남
[설명] ◎九(아홉 구), 身(몸 신), 男(사내 남).

10. 交 (④) ①옷 의 ②가운데 앙
　　　　　　 ③꽃 화 ④사귈 교
[설명] ◎衣(옷 의), 央(가운데 앙), 花(꽃 화).

※ 훈음에 맞는 한자를 고르시오.
---

11. 많을 다 (①) ①多 ②放 ③犬 ④竹
[설명] ◎放(놓을 방), 犬(개 견), 竹(대 죽).

12. 믿을 신 (③) ①先 ②水 ③信 ④玉
[설명] ◎先(먼저 선), 水(물 수), 玉(구슬 옥).

13. 길 영 (①) ①永 ②軍 ③身 ④姓
[설명] ◎軍(군사 군), 身(몸 신), 姓(성씨 성).

14. 나라이름 한 (②) ①東 ②韓 ③末 ④木
[설명] ◎東(동녘 동), 末(끝 말), 木(나무 목).

15. 지을 작 (①) ①作 ②形 ③文 ④室
[설명] ◎形(모양 형), 文(글월 문), 室(집 실).

16. 뒤 후 (③) ①五 ②手 ③後 ④牛
[설명] ◎五(다섯 오), 手(손 수), 牛(소 우).

17. 통할 통 (①) ①通 ②出 ③平 ④位
[설명] ◎出(날 출), 平(평평할 평), 位(자리 위).

18. 밭 전 (①) ①田 ②讀 ③少 ④電
[설명] ◎讀(읽을 독), 少(적을 소), 電(번개 전).

19. 할아비 조 (②) ①靑 ②祖 ③巾 ④遠
[설명] ◎靑(푸를 청), 巾(수건 건), 遠(멀 원).

20. 풀 초 (④) ①刀 ②母 ③央 ④草
[설명] ◎刀(칼 도), 母(어머니 모), 央(가운데 앙).

※ 물음에 알맞은 답을 고르시오.
---

21. "손가락 하나의 너비"를 가리켜서 '한 치의 마디'라 는 뜻을 나타내는 한자는? (③)
①耳 ②右 ③寸 ④士
[설명] ◎寸(마디 촌).

22. "그는 **見本**을 보고 물건을 샀다"에서 밑줄 친 '見'의 훈음으로 가장 알맞은 것은? (③)
①뵐 현 ②소개할 현 ③볼 견 ④조개 패
[설명] ◎見(견·현): 보다, 보이다, 당하다, 견해 (견) / 뵙다, 나타나다, 드러나다, 보이다, 소개하다, 만나다, 현재, 지금 (현). ◎見本(견본): 전체 상품의 품질이나 상태 따위를 알아볼 수 있도록 본보기로 보이는 물건.

23. '性'을(를) 자전에서 찾을 때의 방법으로 바른 것은? (②)

①부수로 찾을 때는 '忄' 부수 4획에서 찾는다.
②총획으로 찾을 때는 '8획'에서 찾는다.
③부수로 찾을 때는 '生' 부수 3획에서 찾는다.
④자음으로 찾을 때는 '생'음에서 찾는다.
[설명] ◎性(성품 성): 忄(=心)(마음 심, 3획)부수의 5획, 총8획.

24. 밑줄 친 부분에 해당하는 한자가 <u>잘못</u> 쓰인 것은? (③)

①그는 어려서부터 마술에 재주를 보였다. : 才

②우리는 극장 밖으로 나갔다. : 外

③내가 서 있는 자리에 별이 들었다. : 休

④왕의 명령을 따르다. : 王

[설명] ◎位(자리 위), 休(쉴 휴).

25. '洞'의 유의자는? (②)

①分　②里　③示　④花

[설명] ◎洞(고을,마을 동) = 里(마을 리).

26. '朝'의 반의자는? (②)

①牛　②夕　③金　④己

[설명] ◎朝(아침 조) ↔ 夕(저녁 석).

27. "東問西□"에서 □안에 들어갈 알맞은 한자는?

(③)

①命　②玉　③答　④言

[설명] ◎東問西答(동문서답): 물음과는 전혀 상관없는 엉뚱한 대답.

※ 어휘의 독음이 바른 것을 고르시오.

28. 日記 (①)　①일기 ②자기 ③공기 ④명기

[설명] ◎日記(일기): 날마다 그날그날 겪은 일이나 생각, 느낌 따위를 적는 개인의 기록.

29. 弱小 (②)　①강소 ②약소 ③약세 ④강약

[설명] ◎弱小(약소): 약하고 작음.

30. 白民 (③)　①시문 ②백문 ③백민 ④시민

[설명] ◎白民(백민): 아무 벼슬이 없는 백성.

31. 黃土 (④)　①횡사 ②황사 ③횡토 ④황토

[설명] ◎黃土(황토):「1」누렇고 거무스름한 흙.「2」저승.

32. 去夜 (③)　①금야 ②거석 ③거야 ④거아

[설명] ◎去夜(거야): 지난밤.

33. 功名 (④)　①기력 ②공력 ③기명 ④공명

[설명] ◎功名(공명): 공을 세워서 자기의 이름을 널리 드러냄.

34. 頭目 (②)　①도목 ②두목 ③도일 ④두일

[설명] ◎頭目(두목):「1」패거리의 우두머리.「2」예전에, 무역을 목적으로 중국 사신을 따라온 베이징 상인을 이르던 말.

※ 어휘의 뜻으로 알맞은 것을 고르시오.

35. 魚肉 (③)

①곡식과 우유.　②생선과 빵.

③생선의 고기.　④새와 고기.

36. 事前 (②)

①회사의 대표자.　②무슨 일이 있기 전.

③길이 없는 위험한 곳.　④일이나 물건.

37. 火急 (④)

①불에 익힌 음식을 먹음.　②사물의 가장 중요한 곳.

③급한 일을 알리는 전보나 편지.

④걷잡을 수 없이 타는 불과 같이 매우 급함.

※ 낱말을 한자로 바르게 쓴 것을 고르시오.

38. 상부: 위쪽 부분. (④)

①上夫　②下部　③下夫　④上部

39. 신입: 새로 들어옴. (③)

①親入　②親八　③新入　④新八

※ 다음 면에 계속

※ 밑줄 친 어휘의 알맞은 독음을 고르시오.

40. 그리스 神話에 관한 만화를 읽었다. (③)

①신전　②신하　③신화　④신설

[설명] ◎神話(신화):「1」『문학』고대인의 사유나 표상이 반영된 신성한 이야기. 우주의 기원, 신이나 영웅의 사적(事績), 민족의 태고 때의 역사나 설화 따위가 주된 내용이다. 내용에 따라 자연 신화와 인문(人文) 신화로 나눈다.「2」신비스러운 이야기.「3」절대적이고 획기적인 업적을 비유적으로 이르는 말.

41. 그들은 半步간격으로 나란히 길을 걸었다.

(④)

①반섭　②미섭　③미보　④반보

[설명] ◎半步(반보): 반걸음.

42. 생물은 크게 동물·植物·미생물로 나뉜다.

(④)

①식목　②직물　③직목　④식물

[설명] ◎植物(식물): 생물계의 두 갈래 가운데 하나. 대체로 이동력이 없고 체제가 비교적 간단하여 신경과 감각이 없고 셀룰로스를 포함한 세포벽과 세포막이 있다. 세균식물이나 균류를 제외하고는 일반적으로 엽록소를 가지고 있어 광합성으로 영양을 보충하고 꽃과 홀씨주머니 따위의 생식 기관이 있다. 종자식물, 양치식물, 선태식물, 균류, 조류(藻類), 세균식물 따위로 분류한다.

※ 밑줄 친 부분을 한자로 바르게 쓴 것을 고르시오.

43. 친구에게 계속해서 일할 <u>의향</u>이 있는지 물어보았다. (④)
①本意　　②向意　　③本向　　④意向
[설명] ◎意向(의향): 마음이 향하는 바. 또는 무엇을 하려는 생각.

44. 그는 <u>고등</u> 교육을 받은 인재이다. (③)
①登高　　②等高　　③高等　　④高登
[설명] ◎高等(고등): 등급이나 수준, 정도 따위가 높음. 또는 그런 정도.

※ 물음에 알맞은 답을 고르시오.

45. 앞 글자가 뒤 글자를 꾸며주는 어휘는? (③)
①出入　　②兄弟　　③白米　　④山川
[설명] ◎出入(출입, 날 출·들 입): 어느 곳을 드나듦. ◎兄弟(형제, 맏 형·아우 제): 형과 아우를 아울러 이르는 말. ◎山川(산천, 메 산·내 천): 산과 내. 이상은 모두 '상대병렬관계'이다. ◎白米(백미, 흰백·쌀미): 흰쌀.이는 앞 글자가 뒤 글자를 꾸며주는 '수식관계'이다.

46. '便安'의 반의어는? (②)
①安子　　②不安　　③便母　　④安不
[설명] ◎便安(편안): 편하고 걱정 없이 좋음. ↔ ◎不安(불안):「1」마음이 편하지 아니하고 조마조마함.「2」분위기 따위가 술렁거리어 뒤숭숭함.「3」몸이 편안하지 아니함.

47. '明年'의 유의어는? (③)
①年年　　②今年　　③來年　　④末年
[설명] ◎明年(명년): 올해의 다음. ◎來年(내년): 올해의 바로 다음 해.

48. 문장에서 성어의 쓰임이 바르지 <u>못한</u> 것은? (④)
①정원에는 <u>形形色色</u>의 온갖 꽃들이 피어 있다.
②<u>不遠千里</u>하고 달려온 친구에게 고마운 마음이다.
③가난했던 그가 이제는 어엿하게 <u>自手成家</u>하였다.
④국가는 <u>電光石火</u>의 기틀을 튼튼히 해야 한다.
[설명] ◎電光石火(전광석화): 번갯불이나 부싯돌의 불이 번쩍거리는 것과 같이 매우 짧은 시간이나 매우 재빠른 움직임 따위를 비유적으로 이르는 말.

49. 우리나라의 명절이 <u>아닌</u> 것은? (④)
①설날　　②추석　　③단오　　④화이트데이
50. 부모님께 효도하는 방법으로 바르지 <u>못한</u> 것은? (①)
①먹을 것이 있으면 부모님보다 내가 먼저 먹는다.
②잠자리에 들거나 일어난 뒤에는 문안인사를 드린다.
③중요한 일은 부모님과 의논하여 결정한다.

④부모님께서 좋아하시는 것을 알려고 노력한다.

♣ 수고하셨습니다.

실전대비문제 　　**모|범|답|안** 　(10회)

■ 다음 물음에 맞는 답의 번호를 골라 답안지의 해당 답란에 표시하시오.

※ 한자의 훈음으로 바른 것을 고르시오.

1. 開 (②) 　①발　족　②열　개　③문　문　④물을　문
[설명] ◎足(발 족), 門(문 문), 問(물을 문).

2. 竹 (③) 　①여섯　륙　②세상　세　③대　죽　④자리　위
[설명] ◎六(여섯 륙), 世(세상 세), 位(자리 위).

3. 春 (③) 　①수레　거　②낮　주　③봄　춘　④누를　황
[설명] ◎車(수레 거), 晝(낮 주), 黃(누를 황).

4. 里 (①) 　①마을　리　②무거울　중　③농사　농　④날　생
[설명] ◎重(무거울 중), 農(농사 농), 生(날 생).

5. 半 (③) 　①낮　오　②소　우　③절반　반　④쌀　미
[설명] ◎午(낮 오), 牛(소 우), 米(쌀 미).

6. 高 (④) 　①학교　교　②심을　식　③벗　우　④높을　고
[설명] ◎校(학교 교), 植(심을 식), 友(벗 우).

7. 歌 (②) 　①물건　물　②노래　가　③셀　계　④한수　한
[설명] ◎物(물건 물), 計(셀 계), 漢(한수 한).

8. 利 (①) 　①이로울　리　②가을　추　③근본　본　④귀신　신
[설명] ◎秋(가을 추), 本(근본 본), 神(귀신 신).

9. 事 (①) 　①일　사　②나눌　분　③모양　형　④지아비　부
[설명] ◎分(나눌 분), 形(모양 형), 夫(지아비 부).

10. 語 (②) 　①말씀　화　②말씀　어　③이름　명　④말씀　언
[설명] ◎話(말씀 화), 名(이름 명), 言(말씀 언).

※ 훈음에 맞는 한자를 고르시오.

11. 갈　거 (②) 　①黃　②去　③漢　④玉
[설명] ◎黃(누를 황), 漢(한수 한), 玉(구슬 옥).

12. 기를　육 (④) 　①休　②植　③形　④育
[설명] ◎休(쉴 휴), 植(심을 식), 形(모양 형).

13. 군사　군 (③) 　①班　②晝　③軍　④車
[설명] ◎班(나눌 반), 晝(낮 주), 車(수레 거).

14. 겨울　동 (④) 　①工　②末　③衣　④冬
[설명] ◎工(장인 공), 末(끝 말), 衣(옷 의).

15. 재주　재 (②) 　①目　②才　③七　④林
[설명] ◎目(눈 목), 七(일곱 칠), 林(수풀 림).

16. 공　공 (①) 　①功　②力　③古　④江
[설명] ◎力(힘 력), 古(예 고), 江(강 강).

17. 놓을　방 (③) 　①手　②央　③放　④千
[설명] ◎手(손 수), 央(가운데 앙), 千(일천 천).

18. 보일　시 (④) 　①小　②牛　③士　④示
[설명] ◎小(작을 소), 牛(소 우), 士(선비 사).

19. 매양　매 (④) 　①母　②男　③四　④每
[설명] ◎母(어머니 모), 男(사내 남), 四(넉 사).

20. 다스릴　리 (②) 　①神　②理　③弟　④主
[설명] ◎神(귀신 신), 弟(아우 제), 主(주인 주).

※ 물음에 알맞은 답을 고르시오.

21. "소리가 귀로 들리다"에서 '들리다'의 뜻을 나타내는 한자는? 　(③)
①問　②秋　③聞　④今
[설명] ◎聞(들을 문).

22. 밑줄 친 '少'의 훈(뜻)이 다른 것은? 　(②)
①少女　②多少　③靑少年　④少年
[설명] ◎少(소): 적다, 많지 아니하다, 작다, 줄다, 적어지다, 적다고 여기다, 부족하다고 생각하다, 젊다, 비난하다, 헐뜯다, 경멸하다, 빠지다, 젊은이, 어린이, 버금, 장에 버금가는 벼슬에 붙이는 말, 잠시, 잠깐, 조금 지난 뒤에. ◎少女(소녀): 아직 완전히 성숙하지 아니한 어린 여자아이. ◎靑少年(청소년): 청년과 소년을 아울러 이르는 말. ◎少年(소년): 아직 완전히 성숙하지 아니한 어린 사내아이. 이상은 모두 '어리다'의 뜻을 나타냄. ◎多少(다소): 「1」 분량이나 정도의 많음과 적음. 「2」 작은 정도. 「3」 어느 정도로. 여기서는 '적다'의 뜻을 나타내고 있음.

23. '旗'을(를) 자전에서 찾을 때의 방법으로 바른 것은? 　(①)
①부수로 찾을 때는 '方' 부수 10획에서 찾는다.
②부수로 찾을 때는 '其' 부수 6획에서 찾는다.
③총획으로 찾을 때는 '13획'에서 찾는다.
④자음으로 찾을 때는 '방'음에서 찾는다.
[설명] ◎旗(기 기): 方(모 방, 4획)부수의 10획, 총14획.

24. 밑줄 친 부분에 해당하는 한자가 잘못 쓰인 것은? 　(③)
①부모님께서는 몸이 약한 동생을 늘 걱정하신다. : 弱
②그는 텔레비전을 보다가 잠이 들었다. : 見

③친구는 <u>눈</u>이 나빠 안경을 쓴다. : 日
④시작과 끝이 한결같다. : 末
[설명] ◎目(눈 목), 日(날 일).
25. '便'의 유의자는?　　　　　　　　　(①)
　①安　　②西　　③巾　　④石
[설명] ◎便(편할 편) = 安(편안할 안).
26. '言'의 반의자는?　　　　　　　　　(②)
　①金　　②行　　③今　　④足
[설명] ◎言(말씀 언) ↔ 行(다닐, 행할 행).
27. "南□, 農□, □夫"에서 □안에 공통으로 들어갈 알
　맞은 한자는?　　　　　　　　　　(④)
　①八　　②月　　③犬　　④村
[설명] ◎南村(남촌):「1」남쪽에 있는 마을. 「2」조선
　시대에, 서울 안에서 남쪽으로 치우쳐 있는 마을들을
　통틀어 이르던 말. ◎農村(농촌): 주민의 대부분이 농
　업에 종사하는 마을이나 지역. ◎村夫(촌부): 시골에
　사는 남자.

※ 어휘의 독음이 바른 것을 고르시오.
---

28. 計上　(④)　①개상 ②허상 ③십상 ④계상
[설명] ◎計上(계상): 계산하여 올림.
29. 話頭　(③)　①설두 ②설도 ③화두 ④화도
[설명] ◎話頭(화두): 이야기의 첫머리.
30. 等位　(④)　①사위 ②등립 ③사립 ④등위
[설명] ◎等位(등위):「1」등급. 「2」같은 위치.
31. 銀魚　(②)　①한어 ②은어 ③북어 ④인어
[설명] ◎銀魚(은어): 바다빙엇과의 민물고기. 몸의 길이
　는 20~30cm이고 모양이 가늘고 길며, 어두운 녹황
　색 바탕에 배 쪽으로 갈수록 연한 흰색이고 눈 위는
　누런색, 위턱은 흰색, 아래턱은 녹색이다.
32. 元首　(①)　①원수 ②완두 ③완수 ④원두
[설명] ◎元首(원수): 국가 원수. 한 나라에서 으뜸가는
　권력을 지니면서 나라를 다스리는 사람. 공화국에서
　는 주로 대통령을, 군주국에서는 군주를 이른다.
33. 百萬　(③)　①백번 ②수만 ③백만 ④수백
[설명] ◎百萬(백만): 만의 백배가 되는 수.
34. 詩文　(④)　①작문 ②언문 ③시어 ④시문
[설명] ◎詩文(시문): 시가와 산문을 아울러 이르는 말.

※ 어휘의 뜻으로 알맞은 것을 고르시오.
---

35. 東海　(③)
　①같은 나라　　　　②겨울 바다
　③동쪽에 있는 바다　④간절히 그리워함
36. 天命　(①)
　①타고난 수명　　　②하늘과 땅

③천지자연의 이치　　④하늘에 명령함
37. 重用　(②)
　①물건이 너무 무거움　②중요한 자리에 임용함
　③용도에 맞지 않음　　④치우침이 없음

※ 낱말을 한자로 바르게 쓴 것을 고르시오.
---

38. 지구: 일정한 기준에 따라 여럿으로 나눈 땅의 한
　구획.　　　　　　　　　　　　(②)
　①土九　　②地區　　③土區　　④地九
39. 전선: 전류가 흐르도록 하는 도체로서 쓰는 선.
　　　　　　　　　　　　　　　(②)
　①全先　　②全線　　③電線　　④電先

※ 밑줄 친 어휘의 알맞은 독음을 고르시오.
---

40. <u>登校</u> 전 준비물을 꼭 확인해야 한다.　(①)
　①등교　　②출근　　③하교　　④퇴근
[설명] ◎登校(등교): 학생이 학교에 감.
41. 가을은 <u>讀書</u>하기에 좋은 계절이다.　(②)
　①독주　　②독서　　③문서　　④선서
[설명] ◎讀書(독서): 책을 읽음.
42. <u>白米</u> 두 섬에 찹쌀이 한 가마 실려 있다.(④)
　①백옥　　②일미　　③백야　　④백미
[설명] ◎白米(백미): 흰쌀.

※ 다음 면에 계속

※ 밑줄 친 부분을 한자로 바르게 쓴 것을 고르시오.
---

43. 경찰의 수사는 다시 <u>활기</u>를 띠었다.　(③)
　①活記　　②活旗　　③活氣　　④活己
[설명] ◎活氣(활기): 활동력이 있거나 활발한 기운.
44. 그는 나에게 좀 더 확실한 <u>대답</u>을 요구했다.
　　　　　　　　　　　　　　　(②)
　①大答　　②對答　　③對合　　④大合
[설명] ◎對答(대답):「1」부르는 말에 응하여 어떤 말
　을 함. 「2」상대가 묻거나 요구하는 것에 대하여 해
　답이나 제 뜻을 말함. 「3」어떤 문제나 현상을 해명
　하거나 해결하는 방안.

※ 물음에 알맞은 답을 고르시오.
---

45. 서로 비슷한 뜻의 한자로 이루어진 어휘는?
　　　　　　　　　　　　　　　(③)
　①教主　　②食水　　③社會　　④朝夕
[설명] ◎教主(교주, 가르칠 교·주인 주):「1」『불교』

=석가세존. 「2」『종교』=교조(敎祖). 「3」『종교』한 종교 단체의 우두머리. ◎食水(식수, 먹을 식·물 수): 먹을 용도의 물. 이상은 앞 글자가 뒤 글자를 꾸며주는 '수식관계'이다. ◎朝夕(조석, 아침 조·저녁 석): 「1」 아침과 저녁을 아울러 이르는 말. 「2」 썩 가까운 앞날. 또는 어떤 일이 곧 결판나거나 끝장날 상황. 「3」 조석반. 이는 서로 상대(반대)되는 뜻의 한자로 이루어진 '상대병렬관계'이다. ◎社會(사회, 모일 사·모일 회): 「1」 같은 무리끼리 모여 이루는 집단. 「2」 학생이나 군인, 죄수 들이 자기가 속한 영역 이외의 영역을 이르는 말. 「3」 공동생활을 영위하는 모든 형태의 인간 집단. 가족, 마을, 조합, 교회, 계급, 국가, 정당, 회사 따위가 그 주요 형태이다. 이는 서로 비슷한 뜻의 한자로 이루어진 '유사병렬관계'이다.

46. '午後'의 반의어는? (②)

①左右 ②午前 ③前後 ④上牛

[설명] ◎午後(오후): 「1」 정오(正午)부터 밤 열두 시까지의 시간. 「2」 정오부터 해가 질 때까지의 동안. ↔ ◎午前(오전): 「1」 자정부터 낮 열두 시까지의 시간. 「2」 해가 뜰 때부터 정오까지의 시간.

47. '名目'의 유의어는? (②)

①姓名 ②名分 ③名馬 ④五目

[설명] ◎名目(명목): 「1」 겉으로 내세우는 이름. 「2」 구실이나 이유. = ◎名分(명분): 「1」 각각의 이름이나 신분에 따라 마땅히 지켜야 할 도리.·군신, 부자, 부부 등 구별된 사이에 서로가 지켜야 할 도덕상의 일을 이른다. 「2」 일을 꾀할 때 내세우는 구실이나 이유 따위.

48. "一長一短"의 속뜻으로 알맞은 것은? (③)

①변명할 말이 없음   ②어른과 어린이를 말함
③장점도 있고 단점도 있음 ④길고 짧음을 재어 봄

[설명] ◎一長一短(일장일단): 일면의 장점과 다른 일면의 단점을 통틀어 이르는 말.

49. "부모님께 행해야 할 덕목"으로 가장 알맞은 것은? (①)

①孝 ②學 ③永 ④友

[설명] ◎孝(효도 효).

50. 평소 예절의 실천으로 바르지 <u>않은</u> 것은?(②)
①전화를 잘못 걸었을 때에는 정중히 사과한다.
②장난삼아 친구에게 발을 걸어 넘어뜨린다.
③상대방의 인격을 존중하고 겸손한 태도를 갖는다.
④상대방에게 이야기할 때에는 알아듣기 좋은 속도로 이야기한다.

실전대비문제 **모|범|답|안** (11회)

■ 다음 물음에 맞는 답의 번호를 골라 답안지의 해당 답란에 표시하시오.

※ 한자의 훈음으로 바른 것을 고르시오.

1. 各 (②)　①먼저　선　②각각　각
　　　　　　　③글자　자　④목숨　명
[설명] ◎先(먼저 선), 字(글자 자), 命(목숨 명).

2. 對 (③)　①다닐　행　②수건　건
　　　　　　　③대답할 대　④대답　답
[설명] ◎行(다닐 행), 巾(수건 건), 答(대답 답).

3. 民 (①)　①백성　민　②몸　신
　　　　　　　③나라　국　④길　영
[설명] ◎身(몸 신), 國(나라 국), 永(길 영).

4. 晝 (④)　①낮　주　②세상　세
　　　　　　　③글월　문　④글　서
[설명] ◎晝(낮 주), 世(세상 세), 文(글월 문).

5. 市 (③)　①빌　공　②지아비　부
　　　　　　　③저자　시　④머리　수
[설명] ◎空(빌 공), 夫(지아비 부), 首(머리 수).

6. 友 (④)　①클　태　②가을　추
　　　　　　　③아우　제　④벗　우
[설명] ◎太(클 태), 秋(가을 추), 弟(아우 제).

7. 場 (②)　①노래　가　②마당　장
　　　　　　　③기운　기　④멀　원
[설명] ◎歌(노래 가), 氣(기운 기), 遠(멀 원).

8. 重 (③)　①여름　하　②온전할　전
　　　　　　　③무거울 중　④성씨　성
[설명] ◎夏(여름 하), 全(온전할 전), 姓(성씨 성).

9. 室 (①)　①집　실　②높을　고
　　　　　　　③합할　합　④있을　유
[설명] ◎高(높을 고), 合(합할 합), 有(있을 유).

10. 讀 (②)　①갈　거　②읽을　독
　　　　　　　③기를　육　④놓을　방
[설명] ◎去(갈 거), 育(기를 육), 放(놓을 방).

※ 훈음에 맞는 한자를 고르시오.

11. 가르칠 교 (②)　①士 ②教 ③左 ④強
[설명] ◎士(선비 사), 左(왼 좌), 強(강할 강).

12. 누를 황 (④)　①向 ②元 ③旗 ④黃
[설명] ◎向(향할 향), 元(으뜸 원), 旗(기 기).

13. 때　시 (②)　①本 ②時 ③別 ④古
[설명] ◎本(근본 본), 別(다를 별), 古(예 고).

14. 배울 학 (④)　①韓 ②兄 ③足 ④學

[설명] ◎韓(나라이름 한), 兄(맏 형), 足(발 족).

15. 들을 문 (②)　①面 ②聞 ③食 ④文
[설명] ◎面(낯 면), 食(먹을 식), 文(글월 문).

16. 대　죽 (①)　①竹 ②平 ③休 ④寸
[설명] ◎平(평평할 평), 休(쉴 휴), 寸(마디 촌).

17. 칼　도 (①)　①刀 ②利 ③九 ④石
[설명] ◎利(이로울 리), 九(아홉 구), 石(돌 석).

18. 급할 급 (③)　①六 ②計 ③急 ④同
[설명] ◎六(여섯 륙), 計(셀 계), 同(한가지 동).

19. 피　혈 (①)　①血 ②肉 ③今 ④空
[설명] ◎肉(고기 육), 今(이제 금), 空(빌 공).

20. 말씀 화 (③)　①林 ②活 ③話 ④位
[설명] ◎林(수풀 림), 活(살 활), 位(자리 위).

※ 물음에 알맞은 답을 고르시오.

21. "구슬을 쪼개어 나눈 모양"으로 만들어진 한자는?
　　　　　　　　　　　　　　　　　(②)
①王　　②班　　③開　　④羊
[설명] ◎班(나눌 반).

22. "便所에서 냄새가 심하게 난다"에서 밑줄 친 '便'의 훈(뜻)으로 가장 알맞은 것은?　(②)
①편할 편　②똥오줌 변 ③문득 변　④쉴 편
[설명] ◎便(편·변): 편할, 아첨할, 쉴, 휴식할, 익힐, 익을, 말 잘할, 소식 (편) / 똥오줌, 오줌을 눌, 곧, 문득 (변). ◎便所(변소): 대소변을 보도록 만들어 놓은 곳.

23. '京'을(를) 자전에서 찾을 때의 방법으로 바른 것은?
　　　　　　　　　　　　　　　　　(①)
①부수로 찾을 때는 'ㅗ' 부수 6획에서 찾는다.
②부수로 찾을 때는 '口' 부수 5획에서 찾는다.
③부수로 찾을 때는 '小' 부수 5획에서 찾는다.
④자음으로 찾을 때는 '영'음에서 찾는다.
[설명] ◎京(서울 경): ㅗ(돼지해머리, 2획)부수의 6획, 총8획.

24. 밑줄 친 부분에 해당하는 한자가 잘못 쓰인 것은?
　　　　　　　　　　　　　　　　　(①)
①종이를 찢어 버리고 새롭게 글을 적었다. : 神
②그 옷은 너한테 잘 어울린다. : 衣
③저녁이 되면 날씨가 쌀쌀해 질 것이다. : 夕
④단체 사진의 한 가운데에 내가 있다. : 央
[설명] ◎神(귀신 신), 新(새로울 신).

25. '社'의 유의자는?　　　　　　　　(④)
①四　　②月　　③計　　④會
[설명] ◎社(모일 사) = 會(모일 회).

26. '死'의 반의자는?　　　　　　　　　　（　②　）
①事　　　②生　　　③歌　　　④出
[설명] ◎死(죽을 사) ↔ 生(살 생).

27. "大□, 育□, □立"에서 □안에 공통으로 들어갈 알
맞은 한자는?　　　　　　　　　　　　（　③　）
①末　　　②行　　　③成　　　④植
[설명] ◎大成(대성): 크게 이룸. 또는 그런 성과. ◎育
成(육성): 길러 자라게 함. ◎成立(성립): 일이나 관계
따위가 제대로 이루어짐.

※ 어휘의 독음이 바른 것을 고르시오.

28. 通用（　④　）①송각②도용③통각④통용
[설명] ◎通用(통용): 「1」일반적으로 두루 씀.「2」서로
넘나들어 두루 씀.

29. 男性（　②　）①여성②남성③역성④남생
[설명] ◎男性(남성): 성(性)의 측면에서 남자를 이르는
말. 특히, 성년(成年)이 된 남자를 이른다.

30. 英語（　④　）①앙언②영언③앙어④영어
[설명] ◎英語(영어): 인도·유럽 어족 게르만 어파의
서게르만 어군에 속한 언어. 미국, 영국, 캐나다, 오스
트레일리아 등을 비롯하여 세계 여러 나라에서 사용
하는 국제어의 구실을 하고 있다.

31. 名作（　③　）①각작②국작③명작④명자
[설명] ◎名作(명작): 이름난 훌륭한 작품.

32. 原理（　④　）①언리②원옥③순리④원리
[설명] ◎原理(원리):「1」사물의 근본이 되는 이치.
「2」행위의 규범.「3」『철학』기초가 되는 근거 또
는 보편적 진리. 존재의 근거가 되는 실재 원리, 인식
의 근거가 되는 인식 원리, 행위의 규범이 되는 실천
적 원리 따위가 있다.

33. 立冬（　④　）①입춘②입각③육각④입동
[설명] ◎立冬(입동): 이십사절기의 하나. 상강(霜降)과
소설(小雪) 사이에 들며, 이때부터 겨울이 시작된다고
한다. 11월 8일경이다.

34. 小邑（　①　）①소읍②소면③소색④소각
[설명] ◎小邑(소읍): 주민과 산물이 적고 땅이 작은 고
을.

※ 어휘의 뜻으로 알맞은 것을 고르시오.

35. 放水　（　③　）
①물이 흘러가는 방향　　②새는 물을 막음
③물을 흘려보냄　　　　④논에 물을 댐

36. 子弟　（　①　）
①남의 아들의 높임말　　②그 사람 자신
③활동이 적은 사람　　　④나이가 많은 사람

37. 所信（　①　）
①자기가 믿고 생각하는 바 ②믿음을 갖지 못함
③자신이 아끼는 물건　　　④성급한 믿음

※ 낱말을 한자로 바르게 쓴 것을 고르시오.

38. 광명: 밝고 환함. 또는 밝은 미래나 희망을 상징하
는 밝고 환한 빛.　　　　　　　　　（　②　）
①光月　　②光明　　③交明　　④交月

39. 부문: 일정한 기준에 따라 분류하거나 나누어 놓은
낱낱의 범위나 부분.　　　　　　　（　④　）
①部問　　②不門　　③不問　　④部門

※ 밑줄 친 어휘의 알맞은 독음을 고르시오.

40. 花草에 물을 주었더니, 더욱 생기가 났다.（　①　）
①화초　　②하초　　③식물　　④약초
[설명] ◎花草(화초): 꽃이 피는 풀과 나무 또는 꽃이 없
더라도 관상용이 되는 모든 식물을 통틀어 이르는 말.

41. 이번 주 청소 當番은(는) 내 차례다.　（　④　）
①당반　　②친척　　③친구　　④당번
[설명] ◎當番(당번): 어떤 일을 책임지고 돌보는 차례
가 됨. 또는 그 차례가 된 사람.

42. 우리나라는 태평양의 北西쪽에 있다.　（　④　）
①남동　　②북동　　③남서　　④북서
[설명] ◎北西(북서): 북서쪽. 북쪽을 기준으로 북쪽과
서쪽 사이의 방위.

※ 다음 면에 계속

※ 밑줄 친 부분을 한자로 바르게 쓴 것을 고르시오.

43. 청군과 백군은 동점이다.　　　　　（　②　）
①白國　　②白軍　　③青國　　④青軍
[설명] ◎白軍(백군): 체육 대회나 운동회 따위의 단체
경기에서, 색깔을 써서 백과 청(青) 또는 백과 홍(紅)
으로 양편을 가를 때 백 쪽의 편.

44. 내가 좋아하는 과목은 한문이다.　　（　①　）
①科目　　②科木　　③耳目　　④耳木
[설명] ◎科目(과목): 가르치거나 배워야 할 지식 및 경
험의 체계를 세분하여 계통을 세운 영역.

※ 물음에 알맞은 답을 고르시오.

45. 앞 글자가 뒤 글자를 꾸며주는 '수식관계'로 이루어
진 것은?　　　　　　　　　　　　（　④　）
①首頭　　②永遠　　③左右　　④高見

[설명] ◎首頭(수두, 머리 수·머리 두): 어떤 일에 앞장 서는 사람. ◎永遠(영원, 멀 영·멀 원): 어떤 상태가 끝없이 이어짐. 또는 시간을 초월하여 변하지 아니함. 이는 서로 비슷한 뜻의 한자로 이루어진 '유사병렬관계'이다. ◎左右(좌우, 왼 좌·오른 우): 왼쪽과 오른쪽. 이는 서로 상대(반대)되는 뜻의 한자로 이루어진 '상대병렬관계'이다. ◎高見(고견, 높을 고·볼 견): 뛰어난 의견이나 생각. 이는 앞 글자가 뒤 글자를 꾸며주는 '수식관계'이다.

46. '短音'의 반의어는? (②)

①長短　　②長音　　③短長　　④間音

[설명] ◎短音(단음): 짧은소리. ↔ ◎長音(장음): 긴소리.

47. '本來'의 유의어는? (③)

①去來　　②本名　　③元來　　④有來

[설명] ◎本來(본래): 사물이나 사실이 전하여 내려온 그 처음. = ◎元來(원래): 사물이 전하여 내려온 그 처음.

48. "人山人海"의 속뜻으로 알맞은 것은? (④)

①경치 좋은 산과 바다　　②임자 없는 산과 바다
③사람을 닮은 산과 바다의 형태
④사람이 수없이 많이 모인 상태

[설명] ◎人山人海(인산인해): 사람이 산을 이루고 바다를 이루었다는 뜻으로, 사람이 수없이 많이 모인 상태를 이르는 말.

49. 박물관에 갔을 때의 태도로 바르지 않은 것은?
(④)

①진열된 물건을 소중하게 여긴다.
②진열된 물건에 대해 중요한 것을 기록한다.
③진열된 물건에 담겨진 정신을 배운다.
④진열된 물건을 마음대로 만지고 들여다본다.

50. "창포물에 머리감기, 그네뛰기, 씨름"등의 풍속이 있는 우리나라 명절은? (①)

①단오　　②추석　　③한식　　④원단

[설명] ◎端午(단오): 우리나라 명절의 하나. 음력 5월 5일로, 단오떡을 해 먹고 여자는 창포물에 머리를 감고 그네를 뛰며 남자는 씨름을 한다.

♣ 수고하셨습니다.

실전대비문제 **모|범|답|안** 12회

■ 다음 물음에 맞는 답의 번호를 골라 답안지의 해당 답란에 표시하시오.

※ 한자의 훈음으로 바른 것을 고르시오.

1. 毛 (④) ①몸 기 ②양 양
　　　　　③남녘 남 ④털 모
[설명] ◎己(몸 기), 羊(양 양), 南(남녘 남).

2. 親 (③) ①서울 경 ②대답할 대
　　　　　③친할 친 ④다스릴 리
[설명] ◎京(서울 경), 對(대답할 대), 理(다스릴 리).

3. 詩 (②) ①말씀 화 ②글 시
　　　　　③노래 가 ④약할 약
[설명] ◎話(말씀 화), 歌(노래 가), 弱(약할 약).

4. 急 (①) ①급할 급 ②누를 황
　　　　　③길 영 ④가까울 근
[설명] ◎黃(누를 황), 永(길 영), 近(가까울 근).

5. 短 (②) ①목숨 명 ②짧을 단
　　　　　③보일 시 ④성품 성
[설명] ◎命(목숨 명), 示(보일 시), 性(성품 성).

6. 夜 (①) ①밤 야 ②놓을 방
　　　　　③각각 각 ④빛 색
[설명] ◎放(놓을 방), 各(각각 각), 色(빛 색).

7. 米 (①) ①쌀 미 ②함께 공
　　　　　③마을 리 ④매양 매
[설명] ◎共(함께 공), 里(마을 리), 每(매양 매).

8. 才 (②) ①강할 강 ②재주 재
　　　　　③가르칠 교 ④기록할 기
[설명] ◎強(강할 강), 敎(가르칠 교), 記(기록할 기).

9. 登 (②) ①군사 군 ②오를 등
　　　　　③향할 향 ④올 래
[설명] ◎軍(군사 군), 向(향할 향), 來(올 래).

10. 植 (①) ①심을 식 ②기 기
　　　　　③이제 금 ④물건 물
[설명] ◎旗(기 기), 今(이제 금), 物(물건 물).

※ 훈음에 맞는 한자를 고르시오.

11. 높을 고 (①) ①高 ②原 ③太 ④今
[설명] ◎原(언덕 원), 太(클 태), 今(이제 금).

12. 살 활 (②) ①語 ②活 ③右 ④漢
[설명] ◎語(말씀 어), 右(오른 우), 漢(한수 한).

13. 차례 번 (③) ①玉 ②木 ③番 ④科
[설명] ◎玉(구슬 옥), 木(나무 목), 科(과목 과).

14. 함께 공 (①) ①共 ②示 ③川 ④巾

[설명] ◎示(보일 시), 川(내 천), 巾(수건 건).

15. 낮 주 (②) ①左 ②晝 ③魚 ④住
[설명] ◎左(왼 좌), 魚(물고기 어), 住(살 주).

16. 여름 하 (④) ①林 ②夫 ③東 ④夏
[설명] ◎林(수풀 림), 夫(지아비 부), 東(동녘 동).

17. 합할 합 (③) ①育 ②母 ③合 ④電
[설명] ◎育(기를 육), 母(어머니 모), 電(번개 전).

18. 고을 읍 (①) ①邑 ②犬 ③衣 ④京
[설명] ◎犬(개 견), 衣(옷 의), 京(서울 경).

19. 걸음 보 (②) ①老 ②步 ③班 ④末
[설명] ◎老(늙을 로), 班(나눌 반), 末(끝 말).

20. 농사 농 (④) ①姓 ②場 ③己 ④農
[설명] ◎姓(성씨 성), 場(마당 장), 己(몸 기).

※ 물음에 알맞은 답을 고르시오.

21. "머리털과 눈을 강조하여 그린 사람의 머리 앞모양"을 본뜬 글자는? (③)
①命 ②耳 ③首 ④貝
[설명] ◎首(머리 수).

22. "화초 가꾸는 일을 道樂(으)로 삼았다"에서 밑줄 친 '樂'의 훈음으로 알맞은 것은? (③)
①풍류 악 ②좋아할 요 ③즐거울 락 ④아뢸 악
[설명] ◎樂(낙(락)·악·요): 즐길, 즐거워 할, 즐겁게 할, 즐거움 낙(락) / 노래, 풍류, 아뢸, 연주할 (악) / 좋아할 (요). 道樂(도락): 「1」도를 깨달아 스스로 즐기는 일. 「2」재미나 취미로 하는 일.

23. '前'을(를) 자전에서 찾을 때의 방법으로 바르지 않은 것은? (①)
①부수로 찾을 때는 '月'부수 5획에서 찾는다.
②부수로 찾을 때는 '刀'부수 7획에서 찾는다.
③자음으로 찾을 때는 '전'음에서 찾는다.
④총획으로 찾을 때는 '9획'에서 찾는다.
[설명] ◎前(앞 전): 刀(=⊠)(칼 도, 2획)부수의 7획, 총9획.

24. 밑줄 친 부분에 해당하는 한자가 바르지 않은 것은? (③)
①소에게 꼴을 먹였다. : 牛
②눈이 온 세상을 덮었다. : 世
③흰 것은 종이요 검은 것은 글씨라. : 百
④수레에 짐을 너무 많이 실었다. : 車
[설명] ◎白(흰 백), 百(일백 백).

25. '家'의 유의자는? (③)
①黃 ②西 ③室 ④放

[설명] ◎家(집 가) = 室(집 실).

26. '先'의 반의자는? (③)
①羊   ②靑   ③後   ④友
[설명] ◎先(먼저 선) ↔ 後(뒤 후).

27. "□物, 千□, □金"에서 □안에 공통으로 들어갈 알
맞은 한자는? (②)
①問   ②萬   ③主   ④有
[설명] ◎萬物(만물): 세상에 있는 모든 것. ◎千萬(천
만): 만의 천 배가 되는 수. 또는 그런 수의. ◎萬金
(만금): 아주 많은 돈.

※ 어휘의 독음이 바른 것을 고르시오.

28. 目讀 (①) ①목독 ②자두 ③눈독 ④패두
[설명] ◎目讀(목독): 눈으로 읽는다는 뜻으로, 소리 없
이 읽음을 이르는 말.

29. 午時 (④) ①우시 ②자시 ③서시 ④오시
[설명] ◎午時(오시):「1」다섯 시.「2」달력에서 계절이
변하는 다섯 시기. 입춘, 입하, 대서, 입추, 입동을 이
른다.

30. 字音 (④) ①자은 ②자의 ③지음 ④자음
[설명] ◎字音(자음): 목, 입, 혀 따위의 발음 기관에 의
해 구강 통로가 좁아지거나 완전히 막히는 따위의
장애를 받으며 나는 소리.

31. 計寸 (②) ①계춘 ②계촌 ③기촌 ④개춘
[설명] ◎計寸(계촌): 일가의 촌수를 따짐. 또는 그렇게
하여 친족 관계를 찾음.

32. 書面 (①) ①서면 ②서류 ③주목 ④주면
[설명] ◎書面(서면):「1」글씨를 쓴 지면.「2」일정한
내용을 적은 문서.

33. 馬刀 (④) ①매조 ②마조 ③매도 ④마도
[설명] ◎馬刀(마도): 말조개.

34. 會同 (④) ①사통 ②사동 ③회통 ④회동
[설명] ◎會同(회동): 일정한 목적으로 여러 사람이 한
데 모임.

※ 어휘의 뜻으로 알맞은 것을 고르시오.

35. 有形 (③)
①잘못이나 죄가 있음   ②잘못이나 죄가 없음
③형상이나 형체가 있음   ④형상이나 형체가 없음
36. 民意 (③)
①백성들의 함성 소리   ②의지가 강한 사람
③국민의 뜻   ④신하의 의리
37. 孝子 (④)
①부모께서 살아계심   ②도리를 잘 행함
③형제간에 잘 지냄   ④부모를 잘 섬기는 아들

※ 낱말을 한자로 바르게 쓴 것을 고르시오.

38. 입사: 회사 따위에 취직하여 들어감. (③)
①人社   ②入四   ③入社   ④人四
39. 소신: 굳게 믿고 있는 바. (①)
①所信   ②小信   ③所新   ④小新

※ 밑줄 친 어휘의 알맞은 독음을 고르시오.

40. 休日에 푹 쉬었더니 몸이 개운하다. (③)
①주일   ②목일   ③휴일   ④주말
[설명] ◎休日(휴일): 일요일이나 공휴일 따위의 일을
하지 아니하고 쉬는 날.

41. 팀 성적이 下位권에 머무르고 있다. (②)
①상위   ②하위   ③상립   ④하립
[설명] ◎下位(하위): 낮은 지위나 등급이나 위치.

42. 공과 사를 區別하는 것이 생각처럼 쉽지 않다.
(③)
①품별   ②구분   ③구별   ④품분
[설명] ◎區別(구별): 성질이나 종류에 따라 차이가 남.
또는 성질이나 종류에 따라 갈라놓음.

※ 다음 면에 계속

※ 밑줄 친 부분을 한자로 바르게 쓴 것을 고르시오.

43. 그 가수는 긴 무명생활로 힘들어했다. (②)
①無色   ②無名   ③無性   ④無理
[설명] ◎無名(무명):「1」이름이 없거나 이름을 알 수
없음.「2」이름이 널리 알려져 있지 않음.
44. 나는 오늘 박물관에 견학을 갔다. (③)
①學門   ②見教   ③見學   ④見聞
[설명] ◎見學(견학): 실지로 보고 그 일에 관한 구체적
인 지식을 넓힘.

※ 물음에 알맞은 답을 고르시오.

45. 서로 비슷한 뜻의 한자로 이루어진 어휘는?
(④)
①遠近   ②春秋   ③天地   ④正直
[설명] ◎遠近(원근, 멀 원·가까울 근):「1」멀고 가까움.
「2」먼 곳과 가까운 곳. ◎春秋(춘추, 봄 춘·가을
추): 봄과 가을. ◎天地(천지, 하늘 천·땅 지): 하늘
과 땅을 아울러 이르는 말. 이상을 서로 반대되는
뜻의 한자로 이루어진 '상대병렬관계'이다. ◎正直
(정직, 바를 정·곧을/바를 직): 마음에 거짓이나 꾸

밈이 없이 바르고 곧음. 이는 서로 비슷한 뜻의 한
자로 이루어진 '유사병렬관계'이다.

46. '來年'의 반의어는?　　　　　　　　(③)
　①中年　　　②少年　　　③去年　　　④每年

[설명] ◎來年(내년): 올해의 바로 다음 해. ↔ ◎去年
　　　(거년): 지난해.

47. '石工'의 유의어는?　　　　　　　　(②)
　①土石　　　②石手　　　③木石　　　④石耳

[설명] ◎石工(석공): 돌을 다루어 물건을 만드는 사람.
　　　= ◎石手(석수): 돌을 다루어 물건을 만드는 사람.

48. "四海兄弟"의 속뜻으로 알맞은 것은?　(④)
　①바다 멀리 형제가 서로 떨어져 있음
　②형제가 모두 넷임　　　③형제가 해외여행을 감
　④세상 사람은 모두 형제처럼 서로 사랑해야 함

[설명] ◎四海兄弟(사해형제): 온 세상 사람이 모두 형
　　　제와 같다는 뜻으로, 친밀함을 이르는 말. ≪논어≫의
　　　<안연편(顔淵篇)>에서 사해 안에 있는 사람을 모두
　　　형제라고 한 데서 유래한다.

49. 우리의 전통 놀이가 <u>아닌</u> 것은?　　(②)
　①제기차기　②로데오　　③팽이치기　④썰매타기

50. 평상시 우리의 행동으로 바르지 <u>않은</u> 것은?
　　　　　　　　　　　　　　　　　(①)

　①사고 싶은 물건을 사주지 않을 때는 불평을 한다.
　②이웃의 어른을 보면 공손하게 인사를 드린다.
　③출입할 때에는 자신의 행선지를 알린다.
　④식사를 할 때는 음식을 골고루 먹는다.

♣ 수고하셨습니다.

모|범|답|안 13회

■ 다음 물음에 맞는 답의 번호를 골라 답안지의 해당 답란에 표시하시오.

※ 한자의 훈음으로 바른 것을 고르시오.

1. 神 (④) ①임금 왕 ②양 양
③편할 편 ④귀신 신
[설명] ◎王(임금 왕), 羊(양 양), 便(편할 편).

2. 育 (②) ①길 영 ②기를 육
③이로울 리 ④낮 오
[설명] ◎永(길 영), 利(이로울 리), 午(낮 오).

3. 遠 (②) ①오른 우 ②멀 원
③줄 선 ④뒤 후
[설명] ◎右(오른 우), 線(줄 선), 後(뒤 후).

4. 班 (④) ①온전할 전 ②근본 본
③절반 반 ④나눌 반
[설명] ◎全(온전할 전), 本(근본 본), 半(절반 반).

5. 當 (①) ①마땅할 당 ②다를 별
③차례 번 ④다스릴 리
[설명] ◎別(다를 별), 番(차례 번), 理(다스릴 리).

6. 太 (④) ①개 견 ②클 태
③수건 건 ④나무 목
[설명] ◎犬(개 견), 巾(수건 건), 木(나무 목).

7. 旗 (①) ①기 기 ②모일 회
③향할 향 ④여름 하
[설명] ◎會(모일 회), 向(향할 향), 夏(여름 하).

8. 放 (③) ①모 방 ②언덕 원
③놓을 방 ④대 죽
[설명] ◎方(모 방), 原(언덕 원), 竹(대 죽).

※ 훈음에 맞는 한자를 고르시오.

9. 이룰 성 (④) ①性 ②每 ③色 ④成
[설명] ◎性(성품 성), 每(매양 매), 色(빛 색).

10. 대신할 대 (③) ①對 ②衣 ③代 ④萬
[설명] ◎對(대답할 대), 衣(옷 의), 萬(일만 만).

11. 기록할 기 (①) ①記 ②用 ③短 ④己
[설명] ◎用(쓸 용), 短(짧을 단), 己(몸 기).

12. 과목 과 (①) ①科 ②休 ③植 ④形
[설명] ◎休(쉴 휴), 植(심을 식), 形(모양 형).

13. 나눌 분 (④) ①命 ②多 ③歌 ④分
[설명] ◎命(목숨 명), 多(많을 다), 歌(노래 가).

14. 긴 장 (②) ①邑 ②長 ③今 ④合
[설명] ◎邑(고을 읍), 今(이제 금), 合(합할 합).

15. 벗 우 (①) ①友 ②夫 ③無 ④女

[설명] ◎夫(지아비 부), 無(없을 무), 女(여자 녀).

※ 물음에 알맞은 답을 고르시오.

16. '밭 전'에 '힘 력'을 합친 자로, 논이나 밭을 가는 사람, 즉 '남자'를 뜻하는 한자는? (③)
①里 ②百 ③男 ④田
[설명] ◎男(사내 남).

17. "金九 선생님은 독립운동가이시다"에서 밑줄 친 '金'의 훈음으로 알맞은 것은? (②)
①쇠 금 ②성 김 ③귀할 김 ④금 금
[설명] ◎金(금·김): 쇠, 금, 돈, 화폐, 금나라, 누른빛, 귀하다 (금) / 성(姓)의 하나 (김). ◎金九(김구): 독립운동가·정치가(1876~1949). 자는 연상(蓮上). 호는 백범(白凡)·연하(蓮下). 본명은 창수(昌洙). 동학 농민 운동을 지휘하다가 일본군에 쫓겨 만주로 피신하여 의병단에 가입하였고, 3·1 운동 후 중국 상하이(上海)의 임시 정부 조직에 참여하였다. 1928년 이시영 등과 함께 한국 독립당을 조직하여 이봉창, 윤봉길 등의 의거를 지휘하였다. 1944년 임시 정부 주석으로 선임되었고, 8·15 광복 이후에는 신탁 통치와 남한 단독 총선을 반대하며 남북 협상을 제창하다가 1949년 안두희(安斗熙)에게 암살당하였다. 저서에 ≪백범일지≫가 있다.

18. "어머니는 洞口 밖까지 우리를 배웅하셨다"에서 밑줄 친 '洞'의 훈음으로 가장 알맞은 것은? (①)
①고을 동 ②꿰뚫을 통 ③밝을 통 ④빌 동
[설명] ◎洞(동·통): 고을, 마을, 동네, 골, 골짜기, 굴, 동굴, 공경하는 모양, 혼돈한 모양, 서로 이어진 모양, 깊다, 그윽하다, 비다, 공허하다, 빨리 흐르다, 치솟다, 설사하다 (동) / 밝다, 꿰뚫다, 통하다, 통달하다 (통). ◎洞口(동구): 「1」동네 어귀. 「2」절로 들어가는 산문(山門)의 어귀.

19. '意'을(를) 자전에서 찾을 때의 방법으로 바르지 않은 것은? (③)
①총획으로 찾을 때는 '13획'에서 찾는다.
②부수로 찾을 때는 '心'부수 9획에서 찾는다.
③부수로 찾을 때는 '立'부수 8획에서 찾는다.
④자음으로 찾을 때는 '의'음에서 찾는다.
[설명] ◎意(뜻 의): 心(마음 심, 4획)부수의 9획, 총13획.

20. '言'의 유의자는? (③)
①計 ②重 ③語 ④朝
[설명] ◎言(말씀 언) = 語(말씀 어).

21. '老'의 반의자는? (④)
①毛　　②中　　③火　　④少
[설명] ◎老(늙을 로) ↔ 少(적을, 젊을 소).

22. "血□, 文□, 白面□生"에서 □안에 공통으로 들어갈 알맞은 한자는? (③)
①急　　②死　　③書　　④米
[설명] ◎血書(혈서): 제 몸의 피를 내어 자기의 결심, 청원, 맹세 따위를 글로 씀. 또는 그 글. ◎文書(문서): 글이나 기호 따위로 일정한 의사나 관념 또는 사상을 나타낸 것. ◎白面書生(백면서생): 한갓 글만 읽고 세상일에는 전혀 경험이 없는 사람.

※ 어휘의 독음이 바른 것을 고르시오.

23. 不通 (①) ①불통 ②불명 ③부정 ④부송
[설명] ◎不通(불통): 길, 다리, 철도, 전화, 전신 따위가 서로 통하지 아니함.

24. 正信 (③) ①지신 ②정언 ③정신 ④정화
[설명] ◎正信(정신): 참되고 올바르게 믿는 마음.

25. 空軍 (①) ①공군 ②육지 ③육군 ④공지
[설명] ◎空軍(공군): 주로 공중에서 공격과 방어의 임무를 수행하는 군대.

26. 平等 (③) ①반사 ②반등 ③평등 ④평사
[설명] ◎平等(평등): 권리, 의무, 자격 등이 차별 없이 고르고 한결같음.

27. 先頭 (②) ①산두 ②선두 ③형두 ④선혈
[설명] ◎先頭(선두): 대열이나 행렬, 활동 따위에서 맨 앞.

28. 山地 (①) ①산지 ②산토 ③토지 ④악산
[설명] ◎山地(산지):「1」들이 적고 산이 많은 지대.「2」묏자리로 적당한 땅.

29. 下直 (③) ①일직 ②하진 ③하직 ④하정
[설명] ◎下直(하직): 먼 길을 떠날 때 웃어른께 작별을 고하는 것.

30. 孝親 (②) ①로현 ②효친 ③효견 ④노신
[설명] ◎孝親(효친): 부모에게 효도함.

31. 教主 (③) ①혼주 ②훈주 ③교주 ④교시
[설명] ◎教主(교주):「1」『불교』'석가모니'를 높여 이르는 말.「2」『종교』어떤 종교나 종파를 처음 세운 사람.「3」『종교』한 종교 단체의 우두머리.

※ 어휘의 뜻으로 알맞은 것을 고르시오.

32. 登校 (②)
①학교를 빠져나오는 일 ②학생이 학교에 감
③학교에서 돌아옴 ④수많은 학교

33. 音讀 (④)
①인간의 사상이나 감정 ②필요한 말만 함
③음성 따위로 나타내는 예술
④글 따위를 소리 내어 읽음

34. 共有 (③)
①국가의 소유 ②공중과 지상
③두 사람 이상이 한 물건을 공동으로 소유함
④아무것도 없이 비어 있음

※ 낱말을 한자로 바르게 쓴 것을 고르시오.

35. 각자: 각각의 자신. (③)
①名自 ②各目 ③各自 ④名目

36. 강력: 힘이나 영향이 강함. (③)
①江刀 ②強刀 ③強力 ④江力

37. 야간: 밤사이. 밤 동안. (②)
①夕間 ②夜間 ③夜聞 ④夕聞

※ 밑줄 친 어휘의 알맞은 독음을 고르시오.

38. 문이 열려 있어 방 內部가 들여다보인다.(②)
①총회 ②내부 ③실내 ④본부
[설명] ◎內部(내부):「1」안쪽의 부분.「2」어떤 조직에 속하는 범위의 안.

39. 사고가 나자 그 지역의 電氣 공급을 중단하였다. (①)
①전기 ②전미 ③운기 ④운미
[설명] ◎電氣(전기):『물리』물질 안에 있는 전자 또는 공간에 있는 자유 전자나 이온들의 움직임 때문에 생기는 에너지의 한 형태. 음전기와 양전기 두 가지가 있는데, 같은 종류의 전기는 밀어 내고 다른 종류의 전기는 끌어당기는 힘이 있다.

40. 할머니를 祖母라고 한다. (③)
①선조 ②조부 ③조모 ④조무
[설명] ◎祖母(조모):「1」부모의 어머니를 이르는 말.「2」며느리가 시부모의 어머니를 이르는 말.「3」부모의 어머니와 한 항렬에 있는 여자를 통틀어 이르는 말.「4」친척이 아닌 늙은 여자를 친근하게 이르는 말.

41. 저희 할머니의 春秋은(는) 일흔이십니다. (②)
①연세 ②춘추 ③연령 ④춘천
[설명] ◎春秋(춘추): 어른의 나이를 높여 이르는 말.

※ 다음 면에 계속

※ 밑줄 친 부분을 한자로 바르게 쓴 것을 고르시오.

42. 은어가 강 상류를 거슬러 올라간다. (②)
①青魚 ②銀魚 ③海馬 ④銀馬

[설명] ◎銀魚(은어): 바다빙엇과의 민물고기. 몸의 길이는 20~30cm이고 모양이 가늘고 길며, 어두운 녹황색 바탕에 배 쪽으로 갈수록 연한 흰색이고 눈 위는 누런색, 위턱은 흰색, 아래턱은 녹색이다. 어릴 때에는 바다에서 지내고 이른 봄에 강을 거슬러 올라 급류에서 살다가 다시 하류로 가 알을 낳는다. 두만강을 제외한 한국의 각 하천과 제주 및 일본 등지에 분포한다.

43. 삼촌은 영시를 지었다.　　　　　　(②)
①詩英　　②英詩　　③央時　　④時央

[설명] ◎英詩(영시): 영어로 쓴 시.

44. 올해 농사가 풍년이다.　　　　　　(④)
①民事　　②民士　　③農士　　④農事

[설명] ◎農事(농사): 곡류, 과채류 따위의 씨나 모종을 심어 기르고 거두는 따위의 일.

※ 물음에 알맞은 답을 고르시오.

45. 앞 글자가 뒤 글자를 꾸며주는 어휘가 <u>아닌</u> 것은?
　　　　　　　　　　　　　　　　(①)
①作名　　②古字　　③車道　　④牛肉

[설명] ◎作名(작명, 지을 작·이름 명): 이름을 지음. 이는 '~을 ~하다'로 풀이 되는 '술목관계'이다. ◎古字(고자, 예 고·글자 자): 지금은 쓰지 아니하는 옛 글자. ◎車道(차도, 수레 차·길 도): 찻길. 사람이 다니는 길 따위와 구분하여 자동차만 다니게 한 길. ◎牛肉(우육, 소 우·고기 육): 쇠고기. 이상은 앞 글자가 뒤 글자를 꾸며주는 '수식관계'이다.

46. '來年'의 유의어는?　　　　　　(④)
①來月　　②上年　　③年末　　④明年

[설명] ◎來年(내년): 올해의 바로 다음 해. = ◎明年(명년): 올해의 다음.

47. '出國'의 반의어는?　　　　　　(②)
①出入　　②入國　　③立國　　④出身

[설명] ◎出國(출국): 나라의 국경 밖으로 나감. ↔ ◎入國(입국): 자기 나라 또는 남의 나라 안으로 들어감.

48. "東問西答"의 속뜻으로 알맞은 것은?　(③)
①방향을 이름　　　　　②이치에 맞음
③묻는 말과 상관없는 엉뚱한 대답
④여러 가지 문제가 발생함

[설명] ◎東問西答(동문서답): 물음과는 전혀 상관없는 엉뚱한 대답.

49. 우리의 전통 문화를 이해하고 발전시키는 방법으로 바르지 <u>않은</u> 것은?　　　　(①)
①우리의 전통 문화만을 고집한다.
②상호 이해를 통한 문화 교류가 필요하다.
③참고 문헌을 통하여 관심과 정보를 얻는다.
④우리가 먼저 사랑하고 아끼는 마음을 가진다.

50. 설날이라 하며 "차례지내기, 떡국 먹기, 세배, 성묘" 등이 행해지는 고유 명절은?　　(②)
①단오　　②원일　　③상원　　④추석

[설명] ◎元日(원일): 설날. 우리나라 명절의 하나. 정월 초하룻날이다.

♣ 수고하셨습니다.

실전대비문제 | 모|범|답|안 14회

■ 다음 물음에 맞는 답의 번호를 골라 답안지의 해당
답란에 표시하시오.

※ 한자의 훈음으로 바른 것을 고르시오.

1. 肉 (②) ①각각 각 ②고기 육
                 ③매양 매 ④기를 육
[설명] ◎各(각각 각), 每(매양 매), 育(기를 육).

2. 去 (④) ①강할 강 ②가까울 근
                 ③함께 공 ④갈 거
[설명] ◎强(강할 강), 近(가까울 근), 共(함께 공).

3. 別 (①) ①다를 별 ②새로울 신
                 ③때 시 ④말씀 어
[설명] ◎新(새로울 신), 時(때 시), 語(말씀 어).

4. 漢 (④) ①통할 통 ②무거울 중
                 ③강 강 ④한수 한
[설명] ◎通(통할 통), 重(무거울 중), 江(강 강).

5. 軍 (③) ①기 기 ②배울 학
                 ③군사 군 ④차례 번
[설명] ◎旗(기 기), 學(배울 학), 番(차례 번).

6. 性 (④) ①밤 야 ②성품 성
                 ③뜻 의 ④성씨 성
[설명] ◎夜(밤 야), 意(뜻 의), 姓(성씨 성).

7. 開 (①) ①열 개 ②마을 리
                 ③이룰 성 ④주인 주
[설명] ◎里(마을 리), 成(이룰 성), 主(주인 주).

8. 海 (④) ①일만 만 ②번개 전
                 ③낮 오 ④바다 해
[설명] ◎萬(일만 만), 電(번개 전), 午(낮 오).

※ 훈음에 맞는 한자를 고르시오.

9. 멀 원 (④) ①母 ②足 ③步 ④遠
[설명] ◎母(어머니 모), 足(발 족), 步(걸음 보).

10. 심을 식 (①) ①植 ②衣 ③晝 ④十
[설명] ◎衣(옷 의), 晝(낮 주), 十(열 십).

11. 언덕 원 (④) ①邑 ②友 ③計 ④原
[설명] ◎邑(고을 읍), 友(벗 우), 計(셀 계).

12. 마당 장 (③) ①死 ②千 ③場 ④冬
[설명] ◎死(죽을 사), 千(일천 천), 冬(겨울 동).

13. 사이 간 (①) ①間 ②門 ③問 ④聞
[설명] ◎門(문 문), 問(물을 문), 聞(들을 문).

14. 보일 시 (②) ①銀 ②示 ③區 ④半
[설명] ◎銀(은 은), 區(나눌 구), 半(절반 반).

15. 친할 친 (③) ①教 ②夏 ③親 ④線
[설명] ◎教(가르칠 교), 夏(여름 하), 線(줄 선).

※ 물음에 알맞은 답을 고르시오.

16. "입을 벌리고 노래를 부른다"는 데서 '노래하다, 읊
조리다'의 뜻을 나타내는 한자는? (③)
①自 ②家 ③歌 ④直
[설명] ◎歌(노래 가).

17. "라디오에서 흥겨운 音樂이 흘러나온다"에서 밑줄
친 '樂'의 훈음으로 가장 알맞은 것은? (②)
①즐길 악 ②풍류 악 ③좋아할 요 ④즐거울 락
[설명] ◎樂(락·악·요): 즐기다, 즐거워하다, 즐겁게
하다, 즐거움 (락) / 노래, 풍류, 아뢰다, 연주하다
(악) / 좋아하다 (요). ◎音樂(음악): 박자, 가락, 음성
따위를 갖가지 형식으로 조화하고 결합하여, 목소리
나 악기를 통하여 사상 또는 감정을 나타내는 예술.

18. 밑줄 친 '便'의 독음이 다른 것은? (①)
①小便 ②便利 ③便道 ④便安
[설명] ◎便(편·변): 편하다, 아첨하다, 쉬다, 휴식하다,
익히다, 익다, 말 잘하다, 소식 (편) / 똥오줌, 오줌을
누다, 곧, 문득 (변). ◎小便(소변): '오줌'을 점잖게
이르는 말. 이는 '변'으로 읽음. ◎便利(편리): 편하고
이로우며 이용하기 쉬움. ◎便道(편도): 편리한 길.
◎便安(편안): 편하고 걱정 없이 좋음. 이상은 모두
'편'으로 읽음.

19. '平'을(를) 자전에서 찾을 때의 방법으로 바른 것은?
(④)
①자음으로 찾을 때는 '호'음에서 찾는다.
②총획으로 찾을 때는 '6획'에서 찾는다.
③부수로 찾을 때는 '二'부수 3획에서 찾는다.
④부수로 찾을 때는 '干'부수 2획에서 찾는다.
[설명] ◎平(평평할 평): 干(방패 간, 3획)부수의 2획, 총5획.

20. '對'의 유의자는? (②)
①弱 ②答 ③京 ④科
[설명] ◎對(대답 대) = 答(대답할 답).

21. '夕'의 반의자는? (③)
①元 ②多 ③朝 ④青
[설명] ◎夕(저녁 석) ↔ 朝(아침 조).

22. "男女□少"에서 □안에 들어갈 알맞은 한자는?
(③)
①工 ②孝 ③老 ④弟
[설명] ◎男女老少(남녀노소): 남자와 여자, 늙은이와 젊
은이란 뜻으로, 모든 사람을 이르는 말.

※ 어휘의 독음이 바른 것을 고르시오.

23. 永住 (④)　①팔왕 ②입왕 ③팔주 ④영주
[설명] ◎永住(영주): 한곳에 오래 삶.

24. 同等 (②)　①동창 ②동등 ③합창 ④합동
[설명] ◎同等(동등): 등급이나 정도가 같음. 또는 그런 등급이나 정도.

25. 手當 (①)　①수당 ②수전 ③수상 ④수확
[설명] ◎手當(수당): 정해진 봉급 이외에 따로 주는 보수.

26. 分下 (④)　①교하 ②부분 ③상하 ④분하
[설명] ◎分下(분하): 벼슬아치들에게 연례(年例)에 따라 물품을 나누어 주던 일.

27. 不毛 (③)　①부수 ②부모 ③불모 ④불수
[설명] ◎不毛(불모):「1」땅이 거칠고 메말라 식물이 나거나 자라지 아니함.「2」아무런 발전이나 결실이 없는 상태를 비유적으로 이르는 말.

28. 社交 (②)　①사과 ②사교 ③사우 ④휴교
[설명] ◎社交(사교): 여러 사람이 모여 서로 사귐.

29. 韓牛 (④)　①한과 ②반우 ③반반 ④한우
[설명] ◎韓牛(한우): 소의 한 품종. 암소는 600kg, 황소는 650kg 정도이며, 누런 갈색이다. 체질이 강하고 성질이 온순하며, 고기 맛이 좋다. 우리나라 재래종으로 농경, 운반 따위의 일에도 이용한다.

30. 和合 (①)　①화합 ②화급 ③화회 ④구급
[설명] ◎和合(화합): 화목하게 어울림.

31. 首班 (②)　①자반 ②수반 ③자번 ④수번
[설명] ◎首班(수반): 서양 음악에서, 온음의 반이 되는 음정. 고전적 음정의 최소 단위가 되며 열두 개의 반음으로써 한 옥타브가 구성된다.

※ 어휘의 뜻으로 알맞은 것을 고르시오.

32. 山村 (③)
①산에서 나무를 함 ②산을 거슬러 올라감
③산 속에 있는 마을 ④산에서 사는 사람

33. 本末 (④)
①한 해의 마지막 무렵 ②사물이 전하여 내려옴
③일이 마무리되는 끝 ④사물이나 일의 처음과 끝

34. 高地 (④)
①가격이 비싼 땅 ②높은 가격
③고층빌딩을 이르는 말 ④지대가 높은 땅

※ 낱말을 한자로 바르게 쓴 것을 고르시오.

35. 정면: 똑바로 마주 보이는 면. (①)
①正面 ②正月 ③正洞 ④正用

36. 내부: 안쪽의 부분. (④)
①來部 ②來夫 ③内夫 ④内部

37. 공백: 아무것도 없이 비어 있음. (③)
①空百 ②功白 ③空白 ④功百

※ 밑줄 친 어휘의 알맞은 독음을 고르시오.

38. 讀書는 간접 경험의 가장 좋은 방법이다.(②)
①문서 ②독서 ③독회 ④언서
[설명] ◎讀書(독서): 책을 읽음.

39. 가방을 메고 登校하는 학생들의 모습이 보였다. (③)
①퇴근 ②출근 ③등교 ④하교
[설명] ◎登校(등교): 학생이 학교에 감.

40. 神位은(는) 죽은 사람의 사진이나 지방을 이른다. (①)
①신위 ②귀신 ③신수 ④신립
[설명] ◎神位(신위): 죽은 사람의 영혼이 의지할 자리. 죽은 사람의 사진이나 지방(紙榜) 따위를 이른다. 신주(神主)를 모셔 두는 자리.

41. 世代간의 갈등을 잘 극복합시다. (②)
①시대 ②세대 ③세상 ④세계
[설명] ◎世代(세대):「1」어린아이가 성장하여 부모 일을 계승할 때까지의 약 30년 정도 되는 기간.「2」같은 시대에 살면서 공통의 의식을 가지는 비슷한 연령층의 사람 전체.「3」한 생물이 생겨나서 생존을 끝마칠 때까지의 기간.「4」그때에 당면한 시대.

※ 다음 면에 계속

※ 밑줄 친 부분을 한자로 바르게 쓴 것을 고르시오.

42. 정부는 시민들의 의견을 적극 반영하는 정책을 펴야 한다. (④)
①市米 ②巾民 ③巾米 ④市民
[설명] ◎市民(시민):「1」그 시(市)에 사는 사람.「2」『역사』서울 백각전(百各廛)의 상인들.「3」지방 자치 단체의 주민 가운데 일정한 자격 요건을 구비하고 그 자치 단체의 공무(公務)에 참여할 권리와 의무를 가진 사람.

43. 제 소신대로 진행하도록 하겠습니다. (③)
①石心 ②所身 ③所信 ④石信
[설명] ◎所信(소신): 굳게 믿고 있는 바. 또는 생각하는 바.

44. 오늘 친구들과 회식을 하기로 했다. (③)
①會黃 ②耳食 ③會食 ④玉食

[설명] ◎會食(회식): 여러 사람이 모여 함께 음식을 먹음. 또는 그런 모임.

※ 물음에 알맞은 답을 고르시오.

45. 앞 글자가 뒤 글자를 꾸며주는 어휘는? (①)
①竹田　②中央　③東西　④左右
[설명] ◎竹田(죽전, 대 죽·밭 전): 대밭. 대를 심은 밭. 또는 대가 많이 자라고 있는 땅. 이는 앞 글자가 뒤 글자를 꾸며주는 '수식관계'이다. ◎中央(중앙, 가운데 중·가운데 앙):「1」사방의 중심이 되는 한가운데.「2」양쪽 끝에서 같은 거리에 있는 지점.「3」중심이 되는 중요한 곳.「4」지방에 상대하여 수도를 이르는 말. ◎東西(동서, 동녘 동·서녘 서):「1」동서쪽.「2」동쪽에서 서쪽으로 향하는 방향.「3」동양과 서양을 아울러 이르는 말.「4」공산주의 진영과 자유주의 진영을 아울러 이르는 말. ◎左右(좌우, 왼 좌·오른 우):「1」왼쪽과 오른쪽을 아울러 이르는 말.「2」옆이나 곁 또는 주변.「3」주위에 거느리고 있는 사람.「4」좌익과 우익을 아울러 이르는 말.「5」어떤 일에 영향을 주어 지배함.「6」편지글에서, '어르신네'의 뜻으로 어른의 이름 뒤에 쓰는 말. 이상은 서로 비슷하거나 상대(반대)되는 뜻의 한자로 이루어진 '병렬관계'이다.

46. '生氣'의 유의어는? (④)
①生活　②五行　③火國　④活氣
[설명] ◎生氣(생기):「1」싱싱하고 힘찬 기운.「2」좋은 날의 운수. = ◎活氣(활기): 활동력이 있거나 활발한 기운.

47. '入力'의 반의어는? (②)
①大力　②出力　③力士　④力入
[설명] ◎入力(입력):「1」『물리』전기적·기계적 에너지를 발생 또는 변환하는 장치가 단위 시간 동안 받은 에너지의 양(量).「2」『컴퓨터』문자나 숫자를 컴퓨터가 기억하게 하는 일. ↔ ◎出力(출력):「1」『물리』원동기, 펌프 따위 기계나 장치가 입력을 받아 외부로 해낼 수 있는 일의 양.「2」『컴퓨터』컴퓨터 따위의 기기(機器)나 장치가 입력을 받아 일을 하고 외부로 결과를 내는 일. 또는 그 결과.

48. 문장에서 성어의 쓰임이 바른 것은? (③)
①엉뚱한 대답을 有口無言이라 한다.
②청렴한 그는 有口無言을 몸소 실천하고 있다.
③모두 내 잘못이라 생각하니 有口無言이다.
④그곳은 방문객들로 有口無言을 이루었다.
[설명] ◎有口無言(유구무언): 입은 있어도 말은 없다는 뜻으로, 변명할 말이 없거나 변명을 못함을 이르는 말.

49. 우리나라의 명절이 아닌 것은? (④)
①추석　②단오　③설날　④부활절

[설명] ◎羊(양 양), 魚(물고기 어), 馬(말 마), 向(향할 향).

50. 우리의 평소 행동으로 바르지 않은 것은? (①)
①자기주장만이 옳다고 고집을 부린다.
②전화통화는 용건을 미리 정리해 짧게 통화한다.
③친한 친구사이라도 거친 말보다는 고운 말을 쓰도록 한다.
④문을 열고 닫을 때에는 가능한 한 큰 소리 나지 않게 여닫는다.

♣ 수고하셨습니다.

■ 다음 물음에 맞는 답의 번호를 골라 답안지의 해당
답란에 표시하시오.

※ 한자의 훈음으로 바른 것을 고르시오.

1. 問 (②) ①사이 간 ②물을 문
③들을 문 ④문 문
[설명] ◎間(사이 간), 聞(들을 문), 門(문 문).

2. 老 (③) ①적을 소 ②짧을 단
③늙을 로 ④물건 물
[설명] ◎少(적을 소), 短(짧을 단), 物(물건 물).

3. 春 (④) ①빛 색 ②살 주
③가운데 앙 ④봄 춘
[설명] ◎色(빛 색), 住(살 주), 央(가운데 앙).

4. 各 (④) ①기 기 ②목숨 명
③빛 광 ④각각 각
[설명] ◎旗(기 기), 命(목숨 명), 光(빛 광).

5. 空 (①) ①빌 공 ②군사 군
③나눌 구 ④함께 공
[설명] ◎軍(군사 군), 區(나눌 구), 共(함께 공).

6. 科 (②) ①밤 야 ②과목 과
③심을 식 ④할아비 조
[설명] ◎夜(밤 야), 植(심을 식), 祖(할아비 조).

7. 元 (③) ①갈 거 ②열 십
③으뜸 원 ④두 이
[설명] ◎去(갈 거), 十(열 십), 二(두 이).

8. 無 (④) ①머리 두 ②번개 전
③기운 기 ④없을 무
[설명] ◎頭(머리 두), 電(번개 전), 氣(기운 기).

※ 훈음에 맞는 한자를 고르시오.

9. 약할 약 (③) ①男 ②川 ③弱 ④王
[설명] ◎男(사내 남), 川(내 천), 王(임금 왕).

10. 통할 통 (④) ①同 ②重 ③等 ④通
[설명] ◎同(한가지 동), 重(무거울 중), 等(무리 등).

11. 조개 패 (③) ①七 ②田 ③貝 ④六
[설명] ◎七(일곱 칠), 田(밭 전), 六(여섯 륙).

12. 한수 한 (②) ①行 ②漢 ③花 ④末
[설명] ◎行(다닐 행), 花(꽃 화), 末(끝 말).

13. 노래 가 (①) ①歌 ②百 ③步 ④神
[설명] ◎百(일백 백), 步(걸음 보), 神(귀신 신).

14. 모양 형 (④) ①西 ②足 ③和 ④形
[설명] ◎西(서녘 서), 足(발 족), 和(화할 화).

15. 서울 경 (③) ①正 ②高 ③京 ④休

[설명] ◎正(바를 정), 高(높을 고), 休(쉴 휴).

※ 물음에 알맞은 답을 고르시오.

16. "귀의 모양"을 본떠 만든 한자는? (②)
①肉 ②耳 ③里 ④千
[설명] ◎耳(귀 이).

17. "便安한 생활을 추구하다"에서 밑줄 친 '便'의 훈음
으로 가장 알맞은 것은? (④)
①아첨할 편 ②똥오줌 변 ③문득 변 ④편할 편
[설명] ◎便(편·변): 편할, 아첨할, 쉴, 휴식할, 익힐, 익
을, 말 잘할, 소식 (편) / 똥오줌, 오줌을 눌, 곧, 문득
(변). ◎便安(편안): 편하고 걱정 없이 좋음.

18. "온 국민이 合心하여 국난을 슬기롭게 극복했다"에
서 밑줄 친 '合'의 훈음으로 가장 알맞은 것은?
(①)
①합할 합 ②마을 합 ③만날 합 ④홉 홉
[설명] ◎合(합·홉): 합할, 모을, 맞을, 대답할, 만날, 싸
울, 적합할, 짝, 합, 홉, 쪽문, 협문, 마을, 대궐 (합) /
홉 (홉). ◎合心(합심): 여러 사람이 마음을 한데 합
함.

19. '全'을(를) 자전에서 찾을 때의 방법으로 바르지 않
은 것은? (④)
①자음으로 찾을 때는 '전'음에서 찾는다.
②부수로 찾을 때는 '入'부수 4획에서 찾는다.
③총획으로 찾을 때는 '6획'에서 찾는다.
④부수로 찾을 때는 '王'부수 2획에서 찾는다.
[설명] ◎全(온전할 전): 入(들 입, 2획)부수의 4획, 총6획.

20. '午'의 유의자는? (③)
①牛 ②室 ③晝 ④夜
[설명] ◎午(낮 오) = 晝(낮 주).

21. '近'의 반의자는? (④)
①活 ②原 ③靑 ④遠
[설명] ◎近(가까울 근) ↔ 遠(멀 원).

22. "江□, 農□, □夫"에서 □안에 공통으로 들어갈 알
맞은 한자는? (①)
①村 ②犬 ③八 ④月
[설명] ◎江村(강촌): 강가에 있는 마을. ◎農村(농촌):
주민의 대부분이 농업에 종사하는 마을이나 지역. ◎
村夫(촌부): 시골에 사는 남자.

※ 어휘의 독음이 바른 것을 고르시오.

23. 黃土 (②) ①항토 ②황토 ③황색 ④항색
[설명] ◎黃土(황토): 「1」 누렇고 거무스름한 흙. 「2」 저

승. 「3」 대륙의 내부에서 풍화로 부서진 암석의 미세한 알갱이들이 바람에 날려 와 쌓인 흙.

24. 信用 (③) ①언용 ②언주 ③신용 ④신주
[설명] ◎信用(신용):「1」사람이나 사물이 틀림없다고 믿어 의심하지 아니함. 또는 그런 믿음성의 정도. 「2」『경제』거래한 재화의 대가를 앞으로 치를 수 있음을 보이는 능력. 외상값, 빚, 급부 따위를 감당할 수 있는 지급 능력으로 소유 재산의 화폐적 기능을 이른다.

25. 言語 (②) ①언오 ②언어 ③어언 ④언문
[설명] ◎言語(언어): 생각, 느낌 따위를 나타내거나 전달하는 데에 쓰는 음성, 문자 따위의 수단. 또는 그 음성이나 문자 따위의 사회 관습적인 체계.

26. 銀魚 (④) ①북어 ②한어 ③인어 ④은어
[설명] ◎銀魚(은어): 바다빙엇과의 민물고기. 몸의 길이는 20~30cm이고 모양이 가늘고 길며, 어두운 녹황색 바탕에 배 쪽으로 갈수록 연한 흰색이고 눈 위는 누런색, 위턱은 흰색, 아래턱은 녹색이다.

27. 不急 (③) ①불황 ②불응 ③불급 ④불심
[설명] ◎不急(불급):「1」속도 따위가 빠르지 아니함. 「2」일 따위가 긴급하지 아니함.

28. 古詩 (①) ①고시 ②명시 ③고론 ④명론
[설명] ◎古詩(고시): 고대의 시. 한시(漢詩)에서는 주로 후한 이전의 시, 시경(詩經)이나 문선(文選)에 딸린 시를 이른다.

29. 分明 (④) ①일월 ②월명 ③분백 ④분명
[설명] ◎分明(분명): 틀림없이 확실하게.

30. 開所 (③) ①문소 ②폐소 ③개소 ④개근
[설명] ◎開所(개소): 사무소나 연구소 따위와 같이 이름이 '소(所)' 자로 끝나는 기관을 세워 처음으로 일을 시작함. 또는 그런 기관이 하루의 업무를 시작함.

31. 英才 (①) ①영재 ②양촌 ③양재 ④영수
[설명] ◎英才(영재): 뛰어난 재주. 또는 그런 사람.

※ 어휘의 뜻으로 알맞은 것을 고르시오.

32. 日新 (②)
①날과 때   ②날마다 새로워짐
③며칠 전   ④한 가지의 이치
[설명] ◎日新(일신).

33. 東海 (③)
①간절히 그리워함   ②같은 나라
③동쪽에 있는 바다   ④겨울 바다
[설명] ◎東海(동해).

34. 首位 (④)
①경비 아저씨   ②물의 높이

③머리에 들어있는 지식이 많음
④첫째가는 자리나 우두머리가 되는 자리
[설명] ◎首位(수위).

※ 낱말을 한자로 바르게 쓴 것을 고르시오.

35. 당면: 일이 바로 눈앞에 닥침.   (④)
①當目   ②長目   ③長面   ④當面
36. 직선: 꺾이거나 굽은 데가 없는 곧은 선. (②)
①植線   ②直線   ③植成   ④直成
37. 선금: 무엇을 사거나 세낼 때에 먼저 치르는 돈.
                                        (①)
①先金   ②大金   ③十金   ④千金

※ 밑줄 친 어휘의 알맞은 독음을 고르시오.

38. 白米와(과) 잡곡을 적절하게 섞어 먹는 것이 좋다.
                                        (③)
①백야   ②백옥   ③백미   ④일미
[설명] ◎白米(백미): 흰쌀.

39. 民話에는 서민의 의식이 반영되어 있다. (④)
①인화   ②동화   ③언어   ④민화
[설명] ◎民話(민화): 민간에 전해 내려오는 옛날이야기.

40. 컴퓨터로 文書 작성을 하였다.   (①)
①문서   ②언서   ③문화   ④독회
[설명] ◎文書(문서): 글이나 기호 따위로 일정한 의사나 관념 또는 사상을 나타낸 것.

41. 친구들과 校門 앞에서 만나기로 하였다. (①)
①교문   ②정문   ③학교   ④교정
[설명] ◎校門(교문): 학교의 문.

※ 다음 면에 계속

※ 밑줄 친 부분을 한자로 바르게 쓴 것을 고르시오.

42. 부모님의 의견에 따르다.   (②)
①衣見   ②意見   ③衣身   ④意身
[설명] ◎意見(의견): 어떤 대상에 대하여 가지는 생각.

43. 그는 매사에 신중한 성격이다.   (②)
①毛市   ②每事   ③毛事   ④每市
[설명] ◎每事(매사):「명사」하나하나의 모든 일.「부사」하나하나의 일마다.

44. 차도로 걸어 다니는 것은 위험한 일이다.(④)
①道車   ②車馬   ③馬車   ④車道
[설명] ◎車道(차도): 찻길. 사람이 다니는 길 따위와 구분하여 자동차만 다니게 한 길.

실전대비문제 **모|범|답|안** 15회

※ 물음에 알맞은 답을 고르시오.

45. 비슷한 뜻의 한자로 이루어진 어휘는? (②)

①自力　　②會社　　③南向　　④南北

[설명] ◎會社(회사, 모일 회·모일 사): 상행위 또는 그 밖의 영리 행위를 목적으로 하는 사단 법인. 이는 서로 비슷한 뜻의 한자로 이루어진 '유사병렬관계'이다. ◎自力(자력, 스스로 자·힘 력): 자기 혼자의 힘. ◎南向(남향, 남녘 남·향할 향): 남쪽으로 향함. 또는 그 방향. 이상은 앞 글자가 뒤 글자를 꾸며주는 '수식관계'이다. ◎南北(남북, 남녘 남·북녘 북): 남쪽과 북쪽을 아울러 이르는 말. 이는 서로 반대되는 뜻의 한자로 이루어진 '상대병렬관계'이다.

46. '一代'의 유의어는? (① , ②)

①一世　　②一生　　③一家　　④一同

[설명] ◎一代(일대): 한 시대나 한 세대 전체. = ◎一世(일세): 「1」한 사람의 일생. 「2」한 시대나 한 세대. / = ◎一生(일생): 세상에 태어나서 죽을 때까지의 동안. ◎一生一代(일생일대): 한 사람이 나서 죽을 때까지의 동안. ◎一生一大(일생일대): 일생을 통하여 가장 중요함을 이르는 말.
※ '一代(일대)'의 유의어는 '一世(일세)'가 정답이나, '一世(일세)'와 '一生(일생)'이 유의어가 되므로 '一生(일생)'도 정답으로 인정함.

47. '入口'의 반의어는? (③)

①八口　　②人口　　③出口　　④食口

[설명] ◎入口(입구): 들어가는 통로. ↔ ◎出口(출구): 밖으로 나갈 수 있는 통로.

48. "死後功名"의 속뜻으로 알맞은 것은? (①)

①죽은 뒤에 내리는 벼슬
②공적인 일을 뒤에 함
③산과 물을 좋아함
④죽을 고비를 여러 차례 겪음

[설명] ◎死後功名(사후공명): 죽은 뒤에 내리는 벼슬이나 시호(諡號).

49. "부모님께 행해야 할 덕목"으로 가장 알맞은 것은? (②)

①學　　②孝　　③友　　④永

[설명] ◎孝(효도 효).

50. 우리나라의 전통 놀이가 아닌 것은? (④)

①널뛰기　②윷놀이　③연날리기　④빙고게임

♣ 수고하셨습니다.

[제0~4호 서식]

한자급수자격검정시험 ㅇ 검시대회 답안지 [앞면] 01

사단 대한민국한자교육연구회 / 대한검정회
법인 KTA Korea Test Association

제□□회 ㅇ0~4호 서식

※ 모두 □인의 기록은
첫 칸부터 한 자씩
붙여 쓰시오.

수 험 번 호

※ 정확하게 기재하고 해당란에 ● 처럼 칠할 것.

한자급수시험 정답표기란
응답표기란

한자급수시험 정답표기란
응답표기란

6 ○ A ○
준5 ○ B ○
5 ○ C ○
준4 ○ D ○
4 ○ E ○
준3 ○ F ○
3 ○ G ○
준2 ○
2 ○

주민번호 앞6자리 (생년월일)

성별
남 ○
여 ○

※ 예 : 2001. 11. 22 ⇨ 011122

※ 참고사항

▼ 시험준비물을 제외한 모든
물품은 가방에 넣어 지정된
장소에 보관할 것.

▼ 시험기간 및 합격기준

등급	시험시간	합격기준
6급~준3급	14:00~14:40(40분)	70점이상
3급~2급	14:00~15:00(60분)	

▼ 합격자발표 : 시험 4주후 발표
- 홈페이지 및 ARS(060-700-2130)

▼ 자격증 교부방법
- 방문접수자는 접수처에서 교부
- 인터넷접수자는 개별발송

※ 시험종료후 시험지
및 답안지를 반드시
제출하십시오.

※ 주의사항

이 답안지는 한자급수
자격시험 및 검정의
실력검정시험 전국용입
니다.

1. 답안지가 구겨지거
나 더럽혀지지 않도록
할 것. 모든 □인의 한
기록은 첫칸부터 한
자씩 붙여 쓸 것.

2. 답안지의 모든기재
사항은 검정색 볼펜을
사용하여 기재하고
해당번호에 한개의
답에만 ● 처럼 칠할
것.

3. 수험번호와(생년월일)
을 정확하게 기재하여
주십시오.

4. ※ 표시가 있는 란
은 절대 기입하지 말
것.

5. 기재오류로 인한
책임은 모두 응시자
여러분에게 있습니다.

※ 성명 (한글)

객 관 식 답 안 란

1	① ② ③ ④	14	① ② ③ ④	27	① ② ③ ④	40	① ② ③ ④
2	① ② ③ ④	15	① ② ③ ④	28	① ② ③ ④	41	① ② ③ ④
3	① ② ③ ④	16	① ② ③ ④	29	① ② ③ ④	42	① ② ③ ④
4	① ② ③ ④	17	① ② ③ ④	30	① ② ③ ④	43	① ② ③ ④
5	① ② ③ ④	18	① ② ③ ④	31	① ② ③ ④	44	① ② ③ ④
6	① ② ③ ④	19	① ② ③ ④	32	① ② ③ ④	45	① ② ③ ④
7	① ② ③ ④	20	① ② ③ ④	33	① ② ③ ④	46	① ② ③ ④
8	① ② ③ ④	21	① ② ③ ④	34	① ② ③ ④	47	① ② ③ ④
9	① ② ③ ④	22	① ② ③ ④	35	① ② ③ ④	48	① ② ③ ④
10	① ② ③ ④	23	① ② ③ ④	36	① ② ③ ④	49	① ② ③ ④
11	① ② ③ ④	24	① ② ③ ④	37	① ② ③ ④	50	① ② ③ ④
12	① ② ③ ④	25	① ② ③ ④	38	① ② ③ ④		
13	① ② ③ ④	26	① ② ③ ④	39	① ② ③ ④		

※ 주관식 답안란은
뒷면에 있습니다.

감 독 확 인

감 독 확 인	정 부

한자급수 경시대회 답안지 [앞면]

제□□회 ○한자급수자격검정시험 ○경시대회 답안지 [앞면] 0 1

[제 0-4 호 서식]

사단
법인 대한민국한자교육연구회 / 대한검정회

※ 모든 답안은
첫 칸부터 한 자씩
붙여 쓰시오.

수험번호

성명(한글)

객관식 답안란

※ 주 의 사 항

이 답안지는 한자급수
자격시험 및 전국한문
실력경시대회 겸용입니다.

1. 답안지가 구겨지거
나 더럽혀지지 않도록
할 것. 모든 □안의
기록은 컴퓨터로 채점하
므로 첫칸부터 한
자씩 붙여 쓸 것.

2. 답안지의 모든기재
사항은 검정색 볼펜을
사용하여 기재하고 답
해당난 한개의
답에만 ● 처럼 칠할
것.

3. 수험번호와 생년월일
을 정확하게 기재하여
주십시오.

4. ※ 표시가 있는 란
은 절대 기입하지 말
것.

5. 기재오류로 인한
책임은 모두 응시자
여러분에게 있습니다.

※ 참고사항

※ 예 : 2001. 11. 22 ⇨ 011122

▼ 시험준비물 제외한 모든
물품은 가방에 넣어 지정된
장소에 보관할 것.

▼ 시험기간 및 합격기준

등급	시험시간	합격기준
6급~8급	14:00~14:40(40분)	70점이상
3급~5급	14:00~15:00(60분)	

▼ 합격자발표 : 시험 4주후 발표
-홈페이지 및 ARS(060-700-2130)

▼자격증 교부방법
-방문접수자는 접수처에서 교부
-인터넷접수자는 개별발송

-시험종료후 시험지 반드시
 및 답안지를
 제출하십시오.

수험번호			
	-		

급수 ○ A ○ B ○ C ○ D ○ E ○ F ○ G

준5 ○ 준4 ○ 준3 ○ 준2 ○

한자급수시험 한문경시대회
등급표기란 등급표기란

① ② ③ ④ ⑤ ⑥ ⑦ ⑧ ⑨
① ② ③ ④ ⑤ ⑥ ⑦ ⑧ ⑨
① ② ③ ④ ⑤ ⑥ ⑦ ⑧ ⑨
① ② ③ ④ ⑤ ⑥ ⑦ ⑧ ⑨

주민번호 앞6자리 (생년월일)

성별 남○ 여○

번호	답	번호	답	번호	답	번호	답	번호	답
1	① ② ③ ④	14	① ② ③ ④	27	① ② ③ ④	40	① ② ③ ④		
2	① ② ③ ④	15	① ② ③ ④	28	① ② ③ ④	41	① ② ③ ④		
3	① ② ③ ④	16	① ② ③ ④	29	① ② ③ ④	42	① ② ③ ④		
4	① ② ③ ④	17	① ② ③ ④	30	① ② ③ ④	43	① ② ③ ④		
5	① ② ③ ④	18	① ② ③ ④	31	① ② ③ ④	44	① ② ③ ④		
6	① ② ③ ④	19	① ② ③ ④	32	① ② ③ ④	45	① ② ③ ④		
7	① ② ③ ④	20	① ② ③ ④	33	① ② ③ ④	46	① ② ③ ④		
8	① ② ③ ④	21	① ② ③ ④	34	① ② ③ ④	47	① ② ③ ④		
9	① ② ③ ④	22	① ② ③ ④	35	① ② ③ ④	48	① ② ③ ④		
10	① ② ③ ④	23	① ② ③ ④	36	① ② ③ ④	49	① ② ③ ④		
11	① ② ③ ④	24	① ② ③ ④	37	① ② ③ ④	50	① ② ③ ④		
12	① ② ③ ④	25	① ② ③ ④	38	① ② ③ ④				
13	① ② ③ ④	26	① ② ③ ④	39	① ② ③ ④				

※ 주관식 답안란은
뒷면에 있습니다.

감독위원		
	정	부